中青年经济学家文库
ZHONGQINGNIAN JINGJIXUEJIA WENKU

U0505522

黄帝文化融入特色小镇
社群文化建设研究

郑卫丽／著

HUANGDI WENHUA RONGRU TESE XIAOZHEN
SHEQUN WENHUA JIANSHE YANJIU

中国财经出版传媒集团

经济科学出版社
Economic Science Press

图书在版编目（CIP）数据

黄帝文化融入特色小镇社群文化建设研究/郑卫丽著.
—北京：经济科学出版社，2020.6
ISBN 978 - 7 - 5218 - 1553 - 5

Ⅰ.①黄… Ⅱ.①郑… Ⅲ.①中华文化 - 应用 - 小
城镇 - 城市文化 - 建设 - 研究 - 浙江 Ⅳ.①G127.55

中国版本图书馆 CIP 数据核字（2020）第 077016 号

责任编辑：杨　洋
责任校对：刘　昕
责任印制：李　鹏　范　艳

黄帝文化融入特色小镇社群文化建设研究
郑卫丽　著
经济科学出版社出版、发行　新华书店经销
社址：北京市海淀区阜成路甲 28 号　邮编：100142
总编部电话：010 - 88191217　发行部电话：010 - 88191522
网址：www. esp. com. cn
电子邮件：esp@ esp. com. cn
天猫网店：经济科学出版社旗舰店
网址：http://jjkxcbs. tmall. com
北京季蜂印刷有限公司印装
880 × 1230　32 开　9.125 印张　200000 字
2020 年 8 月第 1 版　2020 年 8 月第 1 次印刷
ISBN 978 - 7 - 5218 - 1553 - 5　定价：42.00 元
（图书出现印装问题，本社负责调换。电话：010 - 88191510）
（版权所有　侵权必究　打击盗版　举报热线：010 - 88191661
QQ：2242791300　营销中心电话：010 - 88191537
电子邮箱：dbts@ esp. com. cn）

前　言

　　历经特色小镇早期探索、浙江模式实践、自上而下的全国推广以及市场化发展几个阶段，特色小镇的发展一步步从理论论证到落地成型，由政府推广主导到企业市场化运营，由生产产业型小镇、文旅型小镇再到"服务型产业＋文旅＋社区"综合性小镇的发展，特色小镇不仅成为各地方政府发展经济的重要手段，而且也是各个市场化企业以特色小镇创建为盈利的发展机遇。

　　一方面，特色小镇的源起和发展，是中国城镇化进程的必然趋势；另一方面，特色小镇模式又是中国城镇化、乡村振兴的一种有效手段；在特色小镇创建过程中，其承载了城乡各种资源的流通互融，如资金、人力、技术等资源，改善了小镇属地的基础建设、经济结构，提高了地方就业和收入。

　　众所周知，特色小镇是以产业"特"为主的一个小型的社会生态圈，所以众多小镇与学术研究均集中在产业定位与发展方面，不可否认的是这种研究方向的正确性；但是并非每一个小镇都具有浙江模式小镇的先天优势与资源环境等基础要素，大多数的小镇，还需要重新梳理研究，通过分析所具备的各项资源情况，来进行小镇的创建定位、规划、开发建设和运营，面临门槛较高的生产产业型小镇，最终多数只能定位为"服务型产业＋文旅＋社区"综合性小镇。特别是新筹备的特色小镇，往往缺乏品牌的影响力、知名度、市场认知基础和客户群体等，需要一定的发展资金，实现运营尤其是前期的良好开端，成为各个特色小镇的重中之重，如果说产业定位是核心，那么良好的运营开端则是核心的核心。近年来，各个小镇已深切体会到"纸上谈兵"的痛处，定位好办，如何运营？而且众多的社会评论或理论并非是有效经验的总结。

直到社群文化运营成功案例的出现，解决了非生产产业型特色小镇的品牌、市场以及资金等问题，各个特色小镇像找到救命稻草一样，纷纷学习、上马社群文化运营，一时间全国的特色小镇都把社群文化运营当成一个重大转型以及商业模式，"社群"成为比"产业定位"更为重要的运营环节，不论学术界的认可度如何，在特色小镇的开发企业圈层中，社群文化运营成为重中之重。

特色小镇开发的实际效果不一，有成效明显的，但多数收效甚微，很多企业只是看到了部分企业的成功之处，而并未从根本上对社群文化运营、文化以及特色小镇基础内涵等各个方面，做到立体化的掌握，如何实施特色小镇的社群文化运营呢？这就需要开发企业与社群文化运营者避免为了社群文化运营而运营，从特色小镇整体性出发，以倒进层次，从以下几个方面入手：

首先，若要实现社群文化的运营，就要了解社群文化运营本身就是特色小镇运营的实践性理论，其自有一套源起、创立与运营体系，一方面需要对社群文化运营目标客户以及目标客户对小镇的作用进行了解，另一方面还要对社群文化内在运行机制进行理论与实践的了解。

其次，要明白社群文化运营是一种文化的运营，也是小镇社区文化的一种形式，更是特色小镇整体文化的构成内容。社群文化运营是文化在特色小镇中作用和地位的一种表现，更是文化产业化、生活化的一种方式，所以需要了解社群文化运营与小镇文化产业以及社区文化的关系。离开了产业和社区的社群文化运营是没有内容、没有现实支撑的。

再次，社群文化是和小镇核心产业、文化产业为一体的。特色小镇是"产城人文"的融合，而社群文化本身贯穿了产、城、人、文四大方面，简单来讲，社群文化运营的核心是"人"，软性载体是"文"，硬性条件是"城"，目的是"产"。这就需要我们明白特色小镇各构成板块的作用，以及各板块之间的关系。

最后，作为以上所有理论和实践的基础，最根本是要明白特色小镇是什么。各种社群文化和产业的运营，都是特色小镇在满足市场、客户以及社会经济发展的一种外在表现、一种操作手段。对特色小镇了解的最佳方式，一方面是对特色小镇基础概念、发展情况等的基础认识，另一方面是对特色小镇起源的背景和社会作用进行了解。

以上理论和实践均是环环相扣的，若没有系统性的综合理解，无法有效地使社群文化运营落地，故本书从特色小镇基础概念尤其是内在关系出发，不仅通过分析运营实践理论与运营实践模拟，而且以黄帝文化为实例，向各位读者展现出社群文化运营对特色小镇的重要作用。另外，浙江模式的产业型特色小镇不是本书研究的重点，仅作为对特色小镇大概念的了解。

在中国改革开放的今天，我国经济飞速发展，文化的传承、文化产业化及文化当代化必须与社会经济发展相融合，使文化和经济互为助力、良性循环，在经济发展中传承和发展文化，在文化进步中推进和引导经济有序有魂的发展，尤其在全球经济一体化的背景下，保持中华民族优良传统、文化特性，更是要发扬发展黄帝文化，从而使中华文明以自己特有的文化气质，屹立世界民族之林，从而推进中华文明在全世界发扬光大，实现中华民族伟大复兴的中国梦。

文化传承和发展，最有效的就是同中国特色社会主义相融合，与经济发展相协调、社会进步同步。文化产业化、生活化，融入并成为社会经济发展的重要组成部分，同时推进相关行业的发展，是目前最直接有效的文化发展方式之一。尤其是文化和特色小镇的嫁接，更能加快文化产业的落地，以及融入特色小镇的日常生活。

黄帝本人和历史遗迹等存在的真实性不是本书的研究对象，本书仅对中原地区黄帝文化本身、区域地域情况进行介绍叙述，使其作为社群文化运营与文化产业、支柱产业之间关系的研究工具。同时，分析研究特色小镇的内涵和特点，力图为读者、特色小镇开发企业，呈现更为体系化、科学性的特色小镇商业开发的定位，为以文化为符号、以产业为内核的特色小镇商业开发，社群文化运营为开端的小镇运营，提供基本运行路径。

目　　录

第一章

黄帝文化概述

第一节

黄帝文化源起

一、黄帝文化的发端

（一）黄帝的基本介绍

2014 年 4 月 2 日，甲子年新郑黄帝故里拜祖大典拜祖文"具茨绵绵，溱洧洋洋。圣山圣水，蜿蜒荡荡。少典之子，兹诞兹长。号曰轩辕，以德而王"。

黄帝，华夏上古时五帝（黄帝、颛顼、帝喾、帝尧、帝舜）之首，生于具茨山脉（即今新郑始祖山），活动于溱水、洧水沿岸，继有熊国国君少典为帝，原本姓公孙，也称有熊氏，母亲有蟜氏，农历三月初三上巳节，生黄帝于帝都轩辕丘，所以黄帝也称轩辕、公孙轩辕，后人也多以轩辕代指黄帝。因为有熊氏部落尚土德，土是黄色，故号为黄帝。

妻四人，西陵氏嫘祖、方雷氏女节、彤鱼氏女、嫫母，嫘祖教人养蚕缫丝，织丝绸做衣裳，嫫母面相丑陋但德行高尚；黄帝有子二十五人，分封得姓的有十四人，中国奴隶社会夏商周的统治者均系其后代；知名臣子有仓颉、风后、大鸿、力牧、常先等，具茨山主峰仍称风后岭（今官方称始祖山），旁有大鸿山。

黄帝活动的主要区域在今河南省新郑市、新密市区域，该区域是孕育黄帝文化的沃土，黄帝于此地出生、创业、建都，进行华夏文明始端的发明创造。至今，新密、新郑二地，仍有大大小小近百余处遗迹，它们点面相连，形成了黄帝活动的群落，更是彰显着黄帝文化的体系脉络、中华文明始端的辉煌，向后人诉说着当年的丰功伟绩。

（二）中原地区黄帝文化的推进发展

"黄帝"一称呼，见于战国铜器陈侯因兹敦，《史记·周本纪》中记录，周武王灭商后，"武王追思先圣王，乃褒封神农氏之后于焦，黄帝之后于祝"，说明黄帝的传说不仅传于战国，甚者可早至商末周初；西汉武帝"罢黜百家，独尊儒术"之前，统治者采用黄老思想的"无为而治"，西汉史官司马迁著《史记

·五帝本纪》，其中第一位帝王即为黄帝，号称中华民族的人文始祖；自西汉以来的两千多年间，人们笃信不疑，无人提出疑义，20 世纪 20 年代疑古思潮兴起以后，黄帝是否确有其人，在学术界遂成为讨论焦点；进入现代特别是改革开放之后，各地掀起了助力地方经济和社会发展的黄帝文化发掘、研究和推广，黄帝文化的推进方式愈加丰富，其中又以位于中原地区的河南省新郑市对黄帝文化的研究和推广较为突出。

（1）推动成立黄帝文化的相关研究单位。例如，推动成立中华炎黄文化研究会，吸收全国各地 42 家炎黄文化研究团体成为会员单位，为黄帝文化发展和在中原地区的推进，起到了资源整合的作用；成立河南新郑黄帝故里文化研究会，通过学术研究、文化宣传交流等方式，使黄帝文化和地方经济发展有机融合。

（2）黄帝文化遗迹遗址的发掘。以轩辕丘区域、具茨山区域、新郑市黄帝故里为主要发掘地，涉及黄帝文化生活类遗址、文化类遗址、岐黄中医类遗址、古军事遗址等近百余处。

（3）黄帝故里拜祖大典的举办。1992 年，新郑市首次举办黄帝拜祖祭典活动，2006 年由河南省政协参与举办，2008 年国务院确定新郑黄帝拜祖祭典为第一批国家级非物质文化遗产，自 2010 年始每年农历三月初三，均举办国家级的黄帝故里拜祖大典，拜祖大典已然成为炎黄子孙民族凝聚力和向心力的重要活动。

二、黄帝文化的发展

（一）黄帝文化的内涵

费孝通认为文化是"社会共同的经验的累积"，是依赖象征体系和个人的记忆而维持着的社会共同经验，这个定义强调文化的活态性，强调当下的文化不但包含个人的过去投影，更包含整个民族的历史记忆，这些历史记忆并非是点缀，而是"实用的、不能或缺的生活基础"。[①] 由此看来，黄帝文化既包含黄帝作为人文始祖在中华文化初创之时所做出的贡献，也包含五千年文明发展历程中中华民族传承的文化记忆，更涵盖了当今中华民族在继承中华优秀传统文化基础上的创新和发展，所以黄帝文化不是静态的历史记忆，而是鲜活的不断发展的。

黄帝文化是一个大文化的概念，它包括政治、经济、军事、科学技术、文化艺术、风俗习惯和意识形态等。在传说时代，第一次将原始氏族部落统一起来，开创了中华民族生存与发展的模式和文化生态。

（1）实现了华夏民族游牧文化、农耕文化、狩猎文化的融合，创立了传说时代的农耕文明。《史记·五帝本纪》载："炎

[①] 王佳星，郭金秀. 农耕文化的内涵和现代价值探讨 [J]. 自然与文化遗产研究，2019，4（11）：20 – 23.

帝欲侵陵诸侯，诸侯咸归轩辕。轩辕乃修德振兵，治五气、艺五种，抚万民、度四方，教熊、罴、貔、貅……虎，以与炎帝战于阪泉之野。三战，然后得其志。"《国语·晋语》载："黄帝以姬水成……生而异德。"据考证，姬水就是今陕西省武功县境内的漆水河，而黄帝部落最初活动在我国的西北地区。所以，从所率之众及其初始活动范围可见，黄帝部落在阪泉之战前从事着游牧生产和生活。从史料记载可以看出，以神农氏为代表的炎帝部落当时生活在条件较好的中原地区从事着农耕，从长期看游牧文化与农耕文化存在着必然的对立，所以炎黄部落的阪泉大战就是游牧文化与农耕文化的碰撞，炎帝部落战败，黄帝合并两个部落并占领了自然条件较为优越的农耕区域，开始了游牧文化与农耕文化的融合。相关史料形容蚩尤"人身牛蹄、四目六首""头有角"，这些记载可能略有夸张，但一定程度上能反映出蚩尤代表的是狩猎文化。涿鹿大战后，黄帝"执蚩尤，杀之中翼"，农耕文化与狩猎文化融合。"艺五种"就是种植黍、稷、菽、麦、稻五谷，炎帝神农氏时只种植了黍、稷，黄帝时已经种植更多的粮食作物，说明黄帝推动了农业的进一步发展。①

　　文化进化论者法国哲学家孔多塞把人类发展过程分为十个阶

① 徐卫民. 黄帝文化的传承与影响——读《史记·五帝本纪》有感. 司马迁与史记论集（第九辑）[C]. 陕西：陕西省司马迁研究会、陕西师范大学文学院、商洛学院、陕西省社会科学界联合会，2010：170－186.

段，其中，"第二阶段是从游牧向植物栽培过渡的时期，认为动物饲养先于植物栽培。第三阶段，农业社会成立，从事农耕且开始了定居生活，社会制度与风俗习惯逐渐确立并世代继承下来，贸易、职业分工、阶层和政治制度在此时出现并得以确定"。①按照此理论，炎黄阪泉之战代表的是游牧文化和农耕文化的融合，涿鹿大战反映的是农耕文化对狩猎文化的融合。至此，文化进化的第二阶段逐渐完成，为第三阶段农业社会的形成打下了基础，也为华夏民族几千年以农耕文化为基础的政权的建立创造了条件。

（2）第一次实现了原始部落邦族的大一统。传说时代发生在华夏先民中的阪泉大战和涿鹿大战，奠定了部落邦族统一的基础。在阪泉之战中，轩辕黄帝在阪泉（中原地区，确切地点有争议，倾向于今河北境内）战胜最后一位炎帝榆罔，遂代炎帝成为天下共主。阪泉之战后黄帝与炎帝结盟，壮大了实力，各部落多归附黄帝，唯独"蚩尤作乱，不用帝命，于是黄帝乃征师诸侯，与蚩尤战于涿鹿之野"，据《史记地名考》考证，涿鹿大约在今山西省南部运城地区解州市境内，亦属中原之地。据《史记·五帝本纪》记载，黄帝因征伐蚩尤而得"诸侯咸来宾从"，为了维持和巩固联盟的地位，"天下有不顺者，黄帝从而征之"。

---

① 斯卡托·亨利，晓石. 农耕文化起源的研究史［J］. 农业考古，1990（1）：26 – 33.

涿鹿之战后，农耕文化也逐渐完成了对狩猎文化的融合，农耕文化的横向延展为生产力的发展提供了沃土，以生产力为基础的联盟也有了存续和发展的基础。故而轩辕黄帝可以"合符釜山，而邑于涿鹿之阿""置左右大监，监于万国"，又举"举风后、力牧、常先、大鸿以治民"（《史记·五帝本纪》），使早期统治机构初具规模，此时的黄帝部落可以称得上是真正意义上的"最早的中国"。近年来在河南省灵宝西坡遗址发现的仰韶文化庙底沟类型的大型建筑和大型墓葬，真切地反映了黄帝时代的文明景象，展示了"最早中国"的瑰丽与繁华。①

《史记·太史公自序》称："维昔黄帝，法天则地，四圣遵序，各成法度；唐尧逊位，虞舜不台；厥美帝功，万世载之。作五帝本纪第一。"② 故而黄帝为五帝之首，足以为"万世载之"。

男耕女织是中国传统农业社会最基本的生活方式，在原始部落邦族第一次统一之后，农耕逐渐成为华夏大地上主要的产业方式，同时期养蚕制衣作为副业发展起来，制衣也成为人类迈向文明的重要标志。《周易·系辞》载："黄帝、尧、舜垂衣裳而天下治。"考古发现最早的蚕茧和蚕丝织物是在距今五千年左右的黄帝时代，《路史·后纪》中记述黄帝命西陵氏劝蚕，西陵氏为

---

① 孙庆伟. 最早的中国：黄帝部落的文化初觉 [N]. 北京日报, 2019 - 01 - 21 (15).

② 司马迁. 史记 [M]. 韩兆琦，等. 中华书局, 2019, 2897.

黄帝正妃，也就是后世所称的嫘祖，"夫人副祎而躬桑，乃献丝，遂称织维之功"。所以桑蚕织布作为农耕文化的补充，也是远古时期劳动人民在长期与自然的斗争中经验积累取得的硕果。

（3）农耕文化得到发展的同时，黄帝时代的文化艺术也有了一定的启蒙，文字应运而生。相传黄帝命仓颉造字，且此说法，被中国的许多古书所记载。宋代《石林燕语》中提到，当时京都许多管理文书的小吏，秋季会集中祭祀仓颉，并尊之为文字之神。明代《古今事物考》记载："黄帝时，仓颉比类象形为之文，形声相益为之字，著于竹帛为之书，故有指事、象形、谐声、会意、转注、假借六书之别。"清代《纲鉴易知录》也记："（黄）帝命仓颉为左史，沮涌为右史。仓颉见鸟兽之迹，体美象形而制文字。"古人将解说汉字的结构和使用方法归纳出六种条例，即为"六书"。后世学者将之定名为象形、指事、会意、形声、转注、假借。这些记载也印证了仓颉造字的传说。

董琨在《中国汉字源流》中提到，汉字文字系统不可能经一人一时便能创造，它是广大群众在长期的生产与生活中，不断发明、积累，达到了彼此承认、共同使用的状态，才得以正式形成。之所以有仓颉造字的传说，一定程度上说明在文字形成的过程中他付出了较多的劳动，起了较大的作用。中国历史上许多事物的发明创造，都有类似的过程，先民们往往把这些发明归之于某个传说中的人物。所以可以说明黄帝时代文字的发展有了突破性的成就，且为文字系统的发展完善奠定了基础。

（4）黄帝时代另一个为后世传诵的成就是岐黄文化，即中医学文化的肇始。岐伯指的是古代医学名著《黄帝内经》所涉及的人物。《黄帝内经》又称《内经》，是我国最早的医学典籍。相传黄帝常与岐伯、雷公等大臣探讨医学问题，对疾病的病因、诊断以及治疗等原理设问作答，并予以解释。《黄帝内经》就是根据他与黄帝就医术、医理、中草药等方面的对话，经后人编纂补充而成的，该著作约成书于西汉时期。所以出于对二位的尊崇，后世称中医医术为"岐黄之术"。

除了在统一部落邦族、农耕文化、汉字、岐黄文化等方面的创制，黄帝还通过"明上下，等贵贱"形成了一套社会制度，《尚书大传·略说》中有"黄帝始，礼文法度，兴事创业"的记载。黄帝时期通过造屋、制衣、殡葬等手段将社会秩序规范化，从而提高了当时人们对抗自然的能力。从相关的史籍记载统计发现，黄帝时代的发明创造有 30 多项，涉及政治、经济、军事、生活、风俗习惯、社会管理等各个方面。

（二）黄帝文化的演变与传承

在黄帝统一原始部落邦族的基础上，中华民族逐渐发展起来，黄帝作为中华人文始祖，促使中国历史出现了一个大统一、大融合的文明时代，中国五千年文明史由此开始。黄帝文化不仅奠定了中华文化的基础，而且确立了中华文明在世界上的地位。

黄帝时代中华民族第一次实现了统一，中华文化由此开始显示出其独特性，夏商周是在此基础上发展起来的，所以一开始就打上了黄帝的烙印。这个时候黄帝被看作功业显赫的圣王，是生而知之，无所不通的。这时也是黄帝成为华夏共祖的关键时期。

秦汉时期，中华大地上出现了统一的国家，大一统局面形成。司马迁的《史记》从黄帝开始叙史，尊其为五帝之首，真正意义上确立了黄帝人文初祖和华夏始祖的地位。

魏晋南北朝又出现了政权分裂混战的局面，混战的过程本身也是民族融合的过程。其中以北魏孝文帝的汉化影响较大，汉化意味着少数民族对汉民族文化的接受，而尊黄帝为先祖即是汉文化的一部分。

隋唐时期，胡汉杂糅，入主中原的正统皇室也多有胡人血统。胡汉交流频繁，使得汉族与其他民族之间文化的界限逐渐模糊，之后各族各姓竞相溯源至黄帝，这也反映出黄帝文化强大的吸引力和中华民族强大的凝聚力。

宋代统治者尊黄帝为赵姓始祖。元代虽是少数民族政权，但也表现出对黄帝文化的认同，元朝皇帝曾颁旨保护黄帝陵。辽宋夏金元又是中国民族融合的大发展时期。明清历代皇帝基本上都亲至或派遣官员祭祀过黄帝陵。

抗日战争时期是中华民族危急存亡之际，同时也是中华民族浴火重生、民族意识真正觉醒的时候。黄帝文化唤起了民族意识，为国共两党的再度合作奠定了基础，建立了抗日民族统一战线的鲜明旗帜。

中国历来是一个多民族的国家，中国历史上经历了无数次政权更迭与分裂，但是中华民族始终屹立不倒，政权分久必合，这其中黄帝文化始终发挥着纽带作用，黄帝文化是中华民族凝聚力的源泉。所以传承黄帝文化，弘扬黄帝精神，有利于铸牢中华民族共同体意识，有利于增强中华民族凝聚力，有利于中华民族的伟大复兴。

第二节

黄帝文化构成

一、农耕文化

黄帝时代实现了游牧文化、狩猎文化、农耕文化的融合，且确立的农耕在中国千年历史发展中处于人民生活的主要地位，为华夏农耕文化注入了新鲜活力。在中国历史发展进程中，农耕文化覆盖了中国社会的各个方面，成为中国优秀传统文化不可分割的重要部分，也是构建中华民族核心凝聚力的文化纽带。

（一）农耕文化的哲学意义

西北师范大学彭金山教授将农耕文化的哲学内涵概括为"应时、取宜、守则、和谐"八个字。[①]

"应时"，就是顺应农时，按照自然规律将农业生产周期安排在一定的时间框架内。比如一年分为二十四节气，每个节气安排相应的农事活动。直到今天，节气依然是人们开展农业生产活动重要的参考依据。

"取宜"，则是就"地"而言，即选取适宜、适合的地点。农业活动需要在土地上开展，种庄稼需要因地制宜，农业生产是否"取宜"直接决定着收成的好坏。先民们在农事活动中懂得了"取宜"的原则，这在他们认识自然和从事农业生产中发挥了重大作用。

"守则"，即遵守规则和秩序。农耕文化在长期发展中形成了以农为本、以和为贵等许多优秀的文化品格，是中国优秀传统文化的重要源头，并且养成了中华民族坚韧不拔、崇尚自然、艰苦奋斗、敢于创新等优良品质，这构筑了中华民族绵延不绝、发展壮大的精神基石。

"和谐"，包括人与人、人与自然的和谐。农耕生活追求无

---

① 夏学禹. 论中国农耕文化的价值及传承途径 [J]. 古今农业，2010（3）：88 - 98.

灾无难、和谐顺利的特性，孕育了中华民族爱好和平的理念，且经过千年的发展已融入民族基因。中华民族历经磨难而不倒更加坚定了人民以和为贵的理念。时至今日，和谐理念更成为中华民族可持续发展的道路，构建人类命运共同体的动力源泉。

（二）农耕文化的特性

我国是农业大国，原始农业起源可以追溯到传说中的炎帝时代，而当时的农业和游牧业、狩猎都只是一般的生业方式，并没有体现出其优势。直到黄帝完成了三者的融合，农耕才确立了其在中华千年历史中的主导地位。在农业历史发展中，人们为了适应生产发展的需要，不断探索和进步，在长时间积累的基础上形成了独特的农耕文化。

一是农耕文化的封闭性和内生性。农耕文化的形成受到社会生产生活方式、乡村的统治策略和文化传播媒介的综合影响。古代传统农耕社会的生活方式以男耕女织为主要形态，安稳是最优的选择，安稳忙碌且知足的状态让他们没有足够的动力和自觉向区域外探索和发展文化。同时在中国古代社会，统治者为了便于管理和维护稳定，也不会让民众四处流动，限制流动的政策更使得大部分民众一生都只活动在一个区域内。另外，在生产力较为落后的古代，文化传播媒介相对单一并且受到政府的严格管控，所以乡村民众在技术层面不具备传播文化的能力，区域农耕文化很难传播到区域之外，更不能和其他地区文化进行交流，只能内生发展。

二是农耕文化的简单性和生活性。传统农耕文化是乡村生活方式的综合，"日出而作，日落而息""自给自足"，简单且循环往复的生活方式造就了传统农耕文化的简单性和生活性。农耕文化多数内容来源于农民的生活实践，非常简单朴素，形式也比较单一。所有文化的内容都围绕着生活展开，追求变化也是为了更好的生活。自给自足的生活状态就是传统农耕文化主旨的外在表达。建筑技术和种植方式的改进等农耕文化的物质表达，是为了满足农民自身物质生活的需要；祭祀祈雨等农耕文化中的仪式活动也是为祈求农业的丰收。

三是农耕文化的神秘性。文化的发展过程就是人类不断探索自然、发现并总结自然和社会发展规律的过程，并将所发现的规律形式化、理性化的过程。在对早期文化的记录中，有很多神秘的内容和形式，比如祈年求雨、祭山拜地、丰收庆典等。中国农耕文化作为原始文化的留存和传统文化的凝结，某些内容和形式的神秘性也是其重要特征。① 一方面这种神秘性是由于当时人们对自然现象的认识有限，且深信存在一种神秘力量；另一方

---

① 解胜利，赵晓芳. 从传统到现代：农耕文化的嬗变与复兴 [J]. 学习与实践，2019 (2)：126 – 132.

面，封建统治者也故意利用这种神秘性来取得民众的归顺与服从。

农耕文化的特性保证了中华民族文化传承的延续性和稳定性，但也限制了其发展和创新。

（三）农耕文化的传承价值

新中国成立以来，我国的传统农耕文化开始面临巨大挑战。一是随着城镇化进程的开展，村庄合并、自然村落消亡，年轻人乡村共同体正日渐瓦解。人才外流使得以往以乡约、习俗等不成文约定规范的乡村社会秩序失范。二是工业化进程对农耕文明延续的阻碍。农村人口走向城市和工厂，乡村文化人才流失，加剧了村庄的衰落和村庄空心化，农耕文明传承陷入困境。三是农业生产由精细化到连片机械化、化肥、农药的使用，土壤污染的加剧等，使生态环境恶化、农产品质量安全、可持续性发展问题日益凸显。要解决以上问题，我们必须重新挖掘传统农耕文化的价值，让它重新回归，指引现代社会健康发展。

一是继承和发扬农耕文化中"和谐""守则"的内涵，完善现代乡村治理体系。在城镇化的大背景下，村庄数量减少，空心化现象使得乡村文化发生了巨大转变。应该根据现实情况，有针对性地发展乡村公共文化生活，通过文化活动增加村民间的互动，凝聚人心，用正能量的文化内容引导村民形成和睦邻里、诚信友善的氛围。① 重视家庭道德教育,塑造勤劳节俭、艰苦奋斗的优良家风,由内而外塑造着一个社会的整体价值观,培养社会的正能量,用文化振兴助推乡村振兴,从而扭转乡村的空心化现象。同时,充分发扬中华民族以和为贵的理念和融入民族基金的守则意识,重振民间团体在乡村治理中的作用,健全完善自治和法治相结合的乡村治理体系,促进乡村善治。

二是继承和发扬农耕文化中"应时""取宜"传统,促进绿色农业发展。党的十九大提出"坚持人与自然和谐共生",强调"现代化是人与自然和谐共生的现代化",这与农耕文化中尊重自然、顺应自然的理念是吻合的。所以现代农业也应当顺应自然规律,"因时制宜,因地制宜",严格控制化肥、农药的使用量,积极开发适宜当地生产的高质量农产品,从而实现市场主体的多边共赢,促进农业绿色可持续发展。

二、岐黄文化

岐、黄,即岐伯和黄帝,传说岐伯为黄帝医臣,黄帝常问医岐伯,从而形成中国第一部中医学著作《黄帝内经》,故以"岐黄之术"代表"中医"。其中,"上医治未病,中医治欲病,下

---

① 龙文军. 用文化振兴保证乡村繁荣中不失本色 [J]. 农村工作通讯,2018 (15):1。

医治已病"的理念，与西医治病形成了较鲜明的对比，奠定了岐黄中医以日常康养为主的养生理念，为后世和现代"康养"产业化提供了基础的理论指导与实践案例，以岐黄文化为代表的特色小镇，就是以康养为产业主题和内容的项目。

（一）岐黄文化的内涵

岐黄文化，是指以《黄帝内经》为载体，以人体生命健康的养生保健为对象，以中国传统文化的天人合一学说、阴阳五行学说及其相互关系为基础，依据人体五运六气、脏腑经络、精气津液系统的结构与功能，广泛阐发人与自然相互关系的中国医学科学的认识论和方法论。[①] 岐黄文化是从哲学的角度探讨医学，通过人体的病理现象，揭示人与天、人与地、人与自然之间的相互联系。岐黄文化之所以以《黄帝内经》为载体，是因为岐黄文化是岐伯和黄帝创立的，而二者的医论思想主要汇聚在《黄帝内经》中，离开《黄帝内经》也就没有岐黄文化。

岐黄文化肇始于上古时期，相传是由岐伯与黄帝创立，后经夏、商、周各代的完善和发展，在秦汉之间形成了体系。在历史发展中经过医药家们的丰富和完善，形成了我国的中医药文化。据史料记载，岐伯是炎帝时代和黄帝时代有名的医师，长期从事医疗和中药方面的研究，《黄帝内经》就是黄帝与岐伯以及其他

---

① 高新民. 岐黄文化研究报告［N］. 陇东报，2013 - 05 - 01（3）.

多位臣子问答论医而形成的,其中详细记载了岐伯回答黄帝提出的 1 080 个问题,其文言简意赅而又深奥有趣。

岐黄文化的标志性典籍《黄帝内经》约成书于西汉,从轩辕黄帝到《黄帝内经》问世,其间有两千多年的口述医学的时期,所以《黄帝内经》是以问答的形式记述。该书分为《素问》和《灵枢》两部分,详细记述了君臣论医问答的内容,与黄帝一起论医的有岐伯、伯高、鬼臾区、少师、少俞、雷公。《素问》八十一篇,其中六十三篇为黄帝与岐伯的问答;《灵枢》中岐伯与黄帝问答的医论四十九篇,岐伯与黄帝及伯高的医论两篇,还有少部分其他几位论医的别篇。其内容阐释了天道、地道、人道,还涉及医药、养生、天文、地理、历法、气象、数算、哲学、社会、心理、生物、人类、生态、音乐、兵家、古汉语等多学科知识的中国传统文化。①

(二)岐黄文化中的哲学思想

《黄帝内经》中多次提到"道",属大格局的世界观,如"上医医国、中医医人、下医医病之道",这在中国历史上是第一次被提出,是非常超前的。但更多的是"天道、地道、人道"以及"医道、诊道、治道"等中医哲学思想。

---

① 安定祥,刘艳春. 岐伯考证与岐黄文化研究[J]. 西部中医药,2011,24(8):1-7.

　　《黄帝内经》中的"天道、地道、人道"以及"医道、诊道、治道",均以人为中心展开,以生命之大道为内容,涉及十几个学科知识,是人类生命科学史上的巨大成就。《黄帝内经》中的"道"与岐黄文化中的"道"有着相近的含义,其解释大概有三种:一是指自然的法则、规律,属于中国哲学的基本范畴;二是指宇宙万物的本原、本体,《道德经》中提到"道生一,一生二,二生三,三生万物";三是指一定的政治主张或思想体系。而《黄帝内经》中所涉及的其他学科知识是为生命之大道服务的,如其中所涉及的天文学内容,是为了论证人与自然的整体关系,人体的变化与自然的变化是分不开的。

　　岐黄文化的内容,主要包括医药理论知识和养生理念。所以,岐黄文化的基本理念,就是养生。养生的主要观点有敬畏天地、顺应自然、天人相应、崇尚生命。而养生的方法可以概括为三个方面:一是调理饮食、保持运动,根本是保养肾气;二是顺应自然、调养精神,保持人与天地自然的和谐,达到强身健体、延年益寿的目的;三是做到阴阳协调是养生的基本方法。所以岐黄文化具体来讲就是养生文化。

　　岐黄文化经历了一个产生、形成和不断丰富完善的过程。唐代的王冰在《黄帝内经》中增加了运气的部分,完善了内容;宋代的林亿完成了《黄帝内经》的最后编订。所以,原生的中医药学延续了五千年,成为世界医史上唯一没有文化断层的传统医学。

（三）岐黄文化的价值

以《黄帝内经》为代表的岐黄文化之所以能历经千年而不灭，且延续至今，其魅力主要在三个方面：一是它在保健、治病和养生方面的实用价值；二是它符合中国传统文化中对人和自然认识的思维逻辑；三是它是超越时代的世界观和理论体系。

在实用价值方面，虽然岐黄文化是从哲学角度解释人的生理和病理现象，但其临床实验的可行性经后世论证，多数都是科学的，所以如今的中医工作者依旧经常引用《黄帝内经》的理论来指导工作。

在对人与自然的关系方面，它科学地揭示了人体生命、病理变化与自然界的关系。认为人与自然是一个整体，提出了敬天畏地、顺应自然、运动养身的理念，其深厚的文化内涵、唯物主义的思辨能力等都是超前的，更是让后世仰望的。

岐黄文化形成了一套完整的理论体系，用以指导先民对生命的观察和对世界的认识。"上医医国、中医医人、下医医病之道"和"天道、地道、人道"，既为人们认识生命提供了指导，也打破了生命的狭小范畴，让人们跳出唯心主义的束缚，去观察自然和客观世界是怎样运行的。

岐黄文化不仅汇集了古代劳动人民长期与疾病作斗争的理论知识和临床经验，也蕴含着丰富的哲学思想和人文精神，构成了中国传统文化的重要部分。所以传承和发扬岐黄文化为中医学的科学属性提供更多佐证，有利于提升中医学在世界上的影响力。同时作为中国传统文化的重要组成部分，弘扬岐黄文化也可以提高我国文化软实力，为进一步增强文化自信打下强有力的基础，为中华民族的伟大复兴增加助力。

三、根亲文化

根亲文化最重要的表现是，同一族体或团体的个体，围绕共同认可的形象、实物或内在的理念，形成强大的团体凝聚力和亲近感，展现出行为相同、情感交融、心理相通、思想统一的特点，根亲文化在中国传统文化，最主要的形式就是"拜祖文化"。其中，又以每年农历三月初三的拜祖大典为最典型，黄帝是中华人文始祖，是华夏民族的共同祖先，拜祖大典是海内外中华儿女，齐聚中原大地、心归华夏的盛会，拜祖大典之时，华夏儿女心归一处、情聚一点，黄帝文化中的拜祖文化，即是黄帝文化的根亲文化。

（一）拜祖文化

拜祭祖先的历史源远流长，拜祭祖先的活动是中国历史上重要的民俗活动，而这种拜祭活动源自祖先崇拜。一般崇拜的目的是相信祖先的灵魂会保佑自己的后代，另外也是为了展示孝道。祭祖是祖先崇拜最基本的表现形式。①

祭祖的形式也在不断变化，最早是宗庙祭祀，其历史可以追溯到远古氏族社会时期，作为祖先崇拜观念的物化形式，在奴隶制国家时期，王朝的宗庙祭祀活动企图通过祖先神灵为决策与行动提供福佑，在后续的发展中逐渐与统治阶层的宗法、宗族制度联系起来，之后便被统治阶级所垄断。随着社会发展，原来宗庙祭祀的功能开始转移到墓祠上。根据文献记载，墓葬祭祀始于秦始皇，汉以后承袭了这种方式，祭祀逐渐大众化，所谓"行之者，上自天子，下及臣民"。到宋代祭祖仪式有了更大的突破，宋代创设了祠堂，这种形式适用于一般百姓之家，也更加简约而易操作。

随着祭祖形式演变，祭祖活动也在普通民众中传播开来。如今的祭祖时间地点也更加多元化，主要有除夕祭祖、清明祭祖、中元祭祖、重阳祭祖等。中国祭祖的传统承袭了千年，崇拜祖先的观念也一直延续到现今，形成我国文化的特色。

（二）黄帝故里拜祖大典

黄帝故里拜祖大典，是华夏炎黄子孙于农历"三月三"在河南省新郑祭拜先祖黄帝的仪式。《史记·五帝本纪》开篇载

---

① 申晓敏. 祖先崇拜的人类学考察——以 T 村申氏宗族祭祖为例 [J]. 开封教育学院学报，2019，39（10）：245－246.

"黄帝者，少典之子，姓公孙，名曰轩辕"，为五帝之首。黄帝因首先统一了华夏民族的丰功伟绩而被载入史册，也被尊为华夏民族始祖，又因其政治、经济、文化等方面的多项创制而被称为人文初祖。2017 年拜祖大典祭文曰：

> 具茨巍巍，姬水泱泱。轩辕之丘，天降轩皇。
>
> 赫赫伟绩，惠泽八方。甲子算数，律吕岐黄。
>
> 六书制作，文字辉煌。舟车指南，五谷蚕桑。
>
> 修德振兵，铸鼎开疆。典章文物，制度周祥。
>
> 中华文化，源远流长。黄帝子孙，弥繁弥昌。
>
> 星移斗转，历尽沧桑。唯我始祖，子孙共仰。
>
> 五洲四海，彰显华邦。两岸交流，念祖思乡。
>
> 追古励今，再造辉煌。携手并肩，发奋图强。
>
> 振兴经济，共奔小康。和谐社会，共铸安邦。
>
> 千秋万世，心系炎黄。谨告我祖，伏惟尚飨！

祭拜黄帝的历史源远流长，可以追溯到春秋时期，在中国古代典籍中可以发现历朝历代祭拜黄帝的记录。1992 年河南新郑主办炎黄文化旅游节，黄帝故里拜祖大典是其主要内容。随着该节日影响的扩大，黄帝文化唤起了越来越多的民族认同感和文化自信，政府也更加重视黄帝文化传播的重要意义。从 2006 年开始，黄帝旅游文化节升格为"黄帝故里拜祖大典"，开始由河南省政治协商会议主办，拜祖大典得到了境内外多家媒体的直播报道；2008 年，由中华炎黄文化研究会联合主办，国务院确定新郑黄帝拜祖祭典为第一批国家级非物质文化遗产；2010 年，中华炎黄文化研究会、中国侨联、中国台联同时主办。时至今日，每年农历三月三的新郑黄帝故里都会引来许多媒体的聚焦和关注，黄帝拜祖大典的社会影响力不断扩大，炎黄子孙民族凝聚力和向心力也在不断增强。

（三）拜祖文化的意义

黄帝故里拜祖大典，弘扬了中华民族优秀传统文化，在缅怀始祖的同时，突出了中华民族寻根拜祖的主题，象征炎黄子孙血脉相连、薪火相传。拜祖大典至今已经举办了十四届，已经成为连接海内外华人的重要精神纽带，成为中华民族共有精神家园的重要载体。

拜祖文化唤起了民族的同根意识，增强了民族凝聚力。黄帝是中华民族的始祖，为中华文明的产生和发展做出了重大贡献。数千年来，中华大地上各民族都将其视为自己的祖先，黄帝在各个朝代都得到上至最高统治者，下至普通百姓的尊重和崇拜，他们都以炎黄子孙自居，所以黄帝的中华民族共祖的地位毋庸置疑。拜祖文化的形成和发展，再次唤醒和强化了中华民族同根意识，促进了民族凝聚力进一步增强，成为了中华民族的伟大复兴助力。

弘扬和培育民族精神，传承中华民族传统文化。中国民族自强不息、艰苦奋斗、以人为本、勇于创新的民族精神和灿烂的中华传统文化都肇始于黄帝时代。中华民族精神和中华民族传统文化的连续性和原生性，决定了其拥有着强大的生命力、感召力、创造力和凝聚力。正因为如此，中华民族才能历经磨难而不倒，中华文化才能历经千年而愈加灿烂。

唤醒以华夏文化为纽带的民族认同感。在古代社会，中华民族大都生活在同一片土地上，外来文化的影响有限，地缘的纽带作用足以将各族人民凝聚在一起。进入现代社会，中国与世界的交流日益密切，外来文化的影响越来越大，中华儿女生活在世界各地，家国民族意识正受到外来文化的冲击，只有弘扬和传承中华优秀传统文化，才能唤起各族儿女的民族认同感。中国台湾地区问题是中华儿女共同关心的问题，我们和台湾同胞同根同源，拜祖文化可以唤醒其对中华民族的认同感与归属感，增加两岸的交流与合作，促进海峡两岸早日统一。

第三节

黄帝文化的时代价值

一、作为中华优秀传统文化的传承功能

（一）黄帝文化是中华文化的源头

中国古代文明大体上经历了三个历史阶段：文明的形成期、

文明的发展期、文明的兴盛期。形成期对应五帝时代，发展期对应夏商周三代，兴盛期对应秦汉至明清。这三个阶段紧密传承、不断升华，中华文明也成为世界上唯一的未曾中断的文明。世界各国把文明起源的标志归纳为五点：农业生产社会化、手工业专门化、脑力劳动阶层化、部落酋邦化、礼制规范化。黄帝时代符合这几个标志，因此黄帝时代是中国文明的源头，而黄帝文化则是中华文化的源头。中华文化作为中华文明的重要部分，要得到传承，必须追本溯源，掌握文化发展的脉络。

（二）黄帝文化作为优秀传统文化传承的必要性

20 世纪 50 年代末，英国学者斯诺在《两种文化与科学革命》一书中提出"两种文化"的命题，他担心自然科学与人文科学的分离会给人类的发展带来问题，甚至是灾难。[①] 20 世纪中国优秀传统文化的传承呈现减弱的趋势，甚至呈现出文化缺失与文化迷失。文化缺失是指在教育体制中过早文理分科，以及人文学科比应用学科缺少吸引力等因素造成的对人文社会科学教育和重视的不足。文化迷失是找不到正确的价值理念，从而造成的社会正能量减弱的情形。文化迷失在青年人身上表现为找不到人生目标和奋斗的意义，社会上出现的"丧文化"就是一种典型现

---

① 任大援. 黄帝精神与中华文化传承工程 [J]. 华夏文化，2016（4）：14 - 17.

象。而这两种情况是我们实现中华民族伟大复兴的征程中必须要解决的问题，所以传承中华优秀传统文化，肃清社会负能量，给青年人以正确的价值观导向就显得非常重要。

（三）黄帝文化中的优秀传统文化因素及其正确的价值导向作用

黄帝文化的精髓可以概括为：自强不息，革故鼎新；厚德载物，天下为公；以人为本，中和大同。自强不息的奋斗精神，主要体现在努力奋斗、持恒执着、追求梦想等方面；革故鼎新的创造精神，主要体现在开放包容、肇始文明、日新又新等方面；厚德载物的仁德精神，主要体现在德施天下、仁爱百姓、克己奉公等方面；天下为公的正大精神，主要体现在国家认同、除暴安良、兼济天下等方面；以人为本的人文精神，主要体现在天人合一、善政为民、持续发展等方面；中和大同的和谐精神，主要体现在尚中崇正、和平共处、民主融合等方面。于我们个人而言，则体现在要自强不息，善于创新；要提升自己的思想境界和道德品质，树立为中华民族伟大复兴而奋斗的远大志向；要有以人为本的人文精神和兼济天下的人类命运共同体意识。

（四）增强中华民族的文化自信

文化自信是一个民族屹立于世界之林的精神支柱，也是一个国家繁荣发展的精神动力。① 新时代中国在文化自信方面面临着两个方面的挑战。首先，主观方面的挑战：（1）一部分人只看到我国发展面临的困境，而忽视中国取得的成就，这在一定程度上导致了文化不自信；（2）很多人只从个人的利益得失来评判社会整体发展，严重阻碍文化自信的培育和践行。其次，在客观方面，经济的快速发展导致人们忽视文化的重要性，西方文化的冲击削弱了中华文化的独立性与特殊性。文化自信的缺失，会严重影响中华民族的永续发展，因此增强文化自信成为一个不容回避的话题。习近平总书记多次在讲话中指出，要坚定文化自信，文化自信是更基础、更广泛、更深厚的自信，是更基本、更深沉、更持久的力量。

2016 年 7 月 1 日，在中国共产党建党 95 周年庆祝大会上，习近平总书记说，中国有坚定的道路自信、理论自信、制度自信，其本质是建立在五千多年文明传承基础上的文化自信。而中华优秀传统文化是中华民族的文化根脉，积淀着中华民族最深沉的精神追求，包含着中华民族最根本的精神基因，代表着中华民族独特的精神标识。黄帝文化作为中华文化的起源，其中蕴藏着丰富的内涵和时代价值，通过对其思想精髓的挖掘和阐发，能增强中华民族的文化自信和民族自豪感。

---

① 张晓明，杜金金. 习近平关于文化自信重要论述研究述评［J］. 观察与思考，2019（11）：55 - 63.

二、作为"根"文化的精神凝聚功能

黄帝文化是一个大的文化概念，涉及政治、经济、军事、科技、文化艺术等，根亲文化是其中重要的一部分，对后世影响较大。从中华民族形成的历史来看，民族认同更多是在文化上而非血缘上，所以根亲文化强调的更多是文化的传承和认同。

一个民族的认同源自共同的语言文字、共同的地域、共同的风俗习惯和经济生活方式，以及在此基础上形成的共同文化心理素质，并且因此形成了稳定的共同体。黄帝与炎帝、蚩尤大战之后，"诸侯咸来宾从"，之后"天下有不顺者，黄帝从而征之"。在战争频发时期，黄帝平息战乱，成为统一部落联盟的首领，华夏民族开始了千年的传承。从黄帝时代至今，中国历史经历了多次民族大融合，在这个过程中中华民族形成了以汉族为主体的多元一体格局。所以，黄帝被尊称为中华民族的"人文始祖"，黄帝文化中的根亲文化就是中华民族认同感和凝聚力的其中一个来源，也是凝聚海内外亿万华人的根本原因。黄帝根亲文化在历史的传承过程中，以"汉"和"唐"的外显作用最大，汉朝是汉民族意识思想形成和定型的重要时期，在这个阶段，由黄老思想到"独尊儒术"的转变，奠定了中国的文化思想根基；"唐"是中国古代社会的鼎盛时期，是中国古代对外域民族影响最大的阶段，该阶段中华文明快速传播，"唐"即代表中国，直到今日，多个国家和地区还以"唐人"称呼中国人，并称传统服装为"唐装"，"唐"成为了中国人的标识和中华文化的代表，对内有"汉"、于外有"唐"，这些都是黄帝根亲文化传承的作用，是根亲文化凝聚力的表现。

汤因比曾经说过："就中国人来说，几千年来，比世界上任何民族都成功地把几亿民众从政治文化上团结起来。他们显示出这种在政治、文化上统一的本领，具有无与伦比的成功经验。"① 中国历史上各民族迁徙杂居相互融合，经济上的相互交流，文化上的相互交融，中华民族整体观念的形成，各族人民在反帝斗争中形成血肉相连的关系，使得中华民族形成了稳定的内在联合共同体，这个过程聚起一种强大而坚韧的凝聚力，这种凝聚力是维系整个中华民族生存与发展的内在力量，也是维持中华民族历经磨难而愈加顽强的强大动力。罗素认为："中国人的实力在于……民族习惯的坚韧不拔，在于强大的消极抵制力，以及无可比拟的民族凝聚力。"② 费正清也指出："中国具有一种惊人的凝聚力。这一凝聚力并非是由地理条件

---

① 汤因比，池田大作. 展望二十一世纪：汤因比与池田大作对话录［M］. 荀春生，朱继征，陈国栋，等译. 北京：国际文化出版公司，1985.

② 罗素. 中国问题［M］. 秦悦，译. 北京：学林出版社，2013.

造成的……这种凝聚力只能从制度方面入手，从既定的社会思想和行为方面来加以解释。中国的国家和文化是紧密结合在一起的，中国人的生活方式与中华帝国两者是相等的关系。"① 所谓民族凝聚力是指一个民族内部的相互吸引力，表现为民族认同和团结，是推动民族向前发展的内部力量。中华民族凝聚力以爱国主义为中心，是在中华民族悠久历史文化的基础上产生和发展起来的，反过来又对中华民族的历史和发展产生了巨大的推动作用。

共同的历史文化背景使中国各族人民紧紧围绕在一起，所以在中国古代历史发展进程中，统一是主要形态。近代时期，"中华民族的凝聚力尽管一度涣散，但并未崩解，相反，在100多年的历史发展中，尤其20世纪中期以后，随着新中国的建立和综合国力的增强，中华民族的凝聚力再度得到提升，这在危及民族尊严和生存状态的重大事件发生时每每表现出来。这深刻说明，100多年来，中华民族有了新的凝聚要素和基础，或者说，20世纪以来中华民族实现了民族凝聚力的更新和重构。"②

黄帝文化中的根亲文化是中华民族强大民族凝聚力的来源，这种强大的凝聚功能，使得中华民族历经沧桑依旧屹立于世界民

---

① 费正清. 中国：传统与变迁［M］. 张沛，张源，顾思兼，译. 长春：吉林出版社，2008.

② 王希恩. 中华民族凝聚力的更新与重构［J］. 民族研究，2006（3）.

族之林，并且呈现出愈加强大的前进动力。

在当今时代，黄帝文化依旧有其现实意义。弘扬和传承黄帝文化，充分发挥根亲文化的凝聚作用，可以提升中华民族的凝聚力，激励中华儿女为中华民族的伟大复兴共同奋斗。

三、作为农耕文明起点对现代生活的影响

原始社会后期，自黄帝育五谷、嫘祖养蚕制衣、家畜饲养等农业生产、生活活动，取代狩猎、采集的生活方式，虽然历经奴隶社会、封建社会等历史阶段，直到近代，中国的社会经济依旧是农业基础之上的自然经济，建立在自然经济之上的文化思想，深入到每一个中国人的骨子里，直到改革开放前中国仍是一个农业大国，2011 年，中国城镇化率达到了 51.27 %，城镇人口达到 6.91 亿,[①] 自此中国才由乡村型社会进入城市型社会，但是农耕的生产劳作方式带来的传统文化观念和思想，已经深深融入中国社会的每个家庭中，这也是黄帝文化对现代影响最广泛、最根深蒂固的方面。

（一）家庭观念对居民的影响

农耕劳作是以家庭成员分工为主的生产方式，家庭男性成员

---

① 中国社会科学院. 城市蓝皮书：中国城市发展报告 No. 5. 2012 - 8 - 14.

进行农业耕作、女性成员织布、饲养，久而久之，形成了传统的男主外、女主内的模式。目前，中国女性的社会地位虽然有大幅的提高，但多数家庭仍是延续了男主外女主内的传统分工模式，在家庭生活需求消费行为方面，女性主内的特性就发挥出来了，所以多数以家庭生活需求为主的商业或商品的目标客户群体也以女性为主。

围绕家庭为主的小团体生产方式，是中国家庭情怀思想的经济基础，直到今天，中国人仍怀着以家庭为重的深厚观念，这也给市场化行为提供了有效的经营和营销方向，例如伴随着家庭观念，对现代社会影响较大的是，个人和家庭追求有自己专属的房产，满足家庭需求居住的购房成为中国居民尤其是城镇化过程中由农村流入城镇人口的最大需求之一。因此，房地产行业成为推动中国城镇化发展、经济发展的支柱行业。

（二）"三农"问题的推动解决

粮食安全是我国的基本国策之一，18 亿亩耕地红线不能破，第一产业虽然 GDP 总量占比不如第二、第三产业，但农业种植对粮食安全的重要地位不可替代，因此国家在推动和解决"三农"问题方面相当谨慎，尤其是农村土地资源问题。表现在农村土地市场化方面，一直没有完全的面向市场，一方面要保证农民的基本保障、基本权益；另一方面又要盘活农村土地资源，为农业、农村、农民带来可观的收益。这就需要探索、培育农村经济发展的新模式，与之同时出台相关政策，才是解决土地问题以及"三农"问题的关键。而本书所述的特色小镇不失为一种有效手段。

（三）节气对生活的影响

优秀的中国古代劳动人民，在传统的农业劳作过程中，以中国人特有的智慧，总结了许多符合自然规律的经验，其中以节气最为重要。节气通过观察自然现象，结合人类活动、农业生产效果，得出的具有自然规律的生产和生活指导理论。

节气直至今日仍是粮食生产、果蔬种植、畜牧业和渔业养殖等行业生产生活的重要依据。如立春"春打六九头"，天气开始回暖，冬季就要过去；"雨水"节气说明降雨逐渐增多，农作物生长适宜性越来越好；"芒种"节气是麦收稻种的农事繁忙时段；还有其他节气对应不同的气候与农事事宜，这些都是与气候、自然相结合的。

在生活方面，节气制约和引导着人的外在行为。每一个节气都有相对应的人类活动，如"清明"植树、祭拜祖先，冬至数九开始、吃饺子等；目前以节气引导人的饮食健康成为当下的时尚，如节气养生茶饮、节气养生餐，均是依据节气的气候特点、身体节气特征，提供的符合个人或家庭的自然规律健康饮食。

四、作为现代健康生活的导向功能

除了节气养生健康，以《黄帝内经》为主要内容的岐黄文化，是黄帝文化的重要组成部分。《黄帝内经》是我国现存最早的一部中医典籍，涵盖了中医学理论体系的全部内容，涉及养生、阴阳五行、藏象经络、病因病机、诊断、治疗、针刺、五运六气等各个方面，其中对现代生活影响较大的就是养生的理念，这与当下倡导的健康生活的理念不谋而合。

世界卫生组织对影响健康的因素总结如下：健康 = 60% 生活方式 + 15% 遗传因素 + 10% 社会因素 + 8% 医疗因素 + 7% 气候因素。由此可见，健康生活的核心是养成良好的生活习惯。《黄帝内经》虽然是一部中医学著作，但它的着重点不是如何治疗疾病，而是如何预防疾病，强调养重于治的理念。其中指出要注重对身体的将养，以达到身体内部以及与外界的平衡，不生病才是医学的目的。认为医学的追求是"不治已病，治未病；不治已乱，治未乱"，要防患于未然，因为疾病对人体有伤害，即便能治愈也不如不生病。

从医学上讲，积极养生是可以减少疾病特别是危害生命健康的重大疾病。《黄帝内经》认为疾病产生的原因主要有三种：一是外界的异常气候，如风、寒、暑、湿、燥、火六淫造成的邪气入体;二是自身的喜、怒、忧、思、悲、恐、惊等情绪异常;三是饮食失节、劳逸失度造成的阴阳失调,内外失衡。针对这三种原因也提出了相应的对策,对异常气候应该"虚邪贼风,避之有时",对于一切有害于人体的外界致病因素要提前做好预防措施;为避免情绪异常可能对身体造成的伤害,应该注重修身养性,提高认识和修养,构建起强大的心理防线;在饮食和劳作方面,应该饮食有度、劳逸结合,维持平衡。能做到以上几个要求,就能达到养生预防疾病的目的。

随着社会的快速发展,竞争的压力日趋增大,来自工作学习生活的压力使多数人的身体处于长期超负荷运转状态,"过劳"已成为普遍现象。《黄帝内经》中载有多种"过劳"的情形,包括"形劳""劳神""房劳"等。[①]"形劳"不仅指外在的身体形态,包括身体内部的各种器官,劳身的同时必然伴随着劳神,所以形劳和劳神都可以归于"形劳"的范畴。现代社会的过劳,应该属于"形劳"的范畴。"形劳"有劳作量大和时间长两种情况,"形劳"伤害人体的脾和气。与"形劳"相对应的则是过度安逸,"其民食杂而不劳,故其病多痿厥寒热",过度安逸也会导致疾病。所以要预防疾病则需"亦从中央出也",即劳逸结合,不过度劳累,也不过度安逸。

---

① 冯文林. 试论《黄帝内经》中的"形劳"[J]. 吉林中医药,2019,39(12):1550-1551,1572.

对现代社会来说，《黄帝内经》预防疾病的相关记载，依旧值得学习和遵从。所以传承黄帝文化对现代人的健康生活有着非常重要的指导意义。

黄帝文化中的农耕、拜祖及岐黄文化，都可以在社群文化运营方面进行体系化运行、品牌化发展，本书将进行仔细分析实践。

第二章

特色小镇

探究特色小镇与文化之间的关系，首先要明白二者的基础内涵，本书第一章已经对黄帝文化进行了解析，相对于我们耳濡目染的这片文化土壤，特色小镇这一概念还略显年轻。虽然近两年的媒体报道、推广见诸生活的各个方面，人们大多知道这一概念，但是多数人对特色小镇的内涵和发展情况认识不足，只有完全地了解特色小镇的基础内涵、明白"文化"在小镇中的作用，才能很好地把文化与小镇结合。

第一节

特色小镇的概念

一、特色小镇源起

（一）我国的"镇"

镇，原为镇守之意，中国古代军队驻守的地方，用以抵抗外部侵犯、镇压内部反抗。我国古代的兵役制度，多是乱时为兵、闲时为农，随着驻守时间的推进，形成了以驻守地为中心的生活聚集型特征，出现了满足基础生活和战时需求的农耕、生产等行业及从业者，这种生活和生产聚集地，比城市的规模、生活氛围要小很多，但生活内容不再局限于耕作。

"镇"目前为我国的行政区划分的基层单位，是县级以下的行政区划单位，多以"乡镇"之词与"乡"同时使用，与乡同级，除了人口、区域管辖面积大于乡外，乡的经济结构是以农业为主，而镇是工农业甚至第三产业均有。行政架构方面，"镇"一般有若干个居委会、村委会构成，即乡属农村型行政区，镇偏城市型行政区。

有两个特点需要着重描述：其一镇的经济结构多元，不再是单一的农民种植劳作；其二偏城市化，即居民生活状态、基本建设相对更接近城市。延伸点讲，把镇的这两个特点，持续深度打造，尤其是非农业种植业更突出的话，即是特色小镇的雏形，其一产业化特点，产业鲜明、产业是地方经济支柱、居民就业与收入来源；其二区域公共配套建设、精神文化生活更丰富。发展特色小镇，是社会进步、居民生活水平提高的重要路径之一，这也是国家自 2016 年首次提出特色小镇概念以来，密切监控、适应市场变化，多次出台扶持政策的根本原因。

（二）特色小镇称呼的由来

中国国内早期只提新型城镇、城镇化等，并没有"特色小镇"这一说法，而早期的特色小镇，多见于国外的特色小镇，我国的特色小镇提出的只是概念的借鉴。如土耳其的格雷梅小镇、瑞士圣莫里茨小镇、法国安纳西、荷兰羊角村、法国科尔马、瑞士达沃斯等，这些国外小镇，多以主产业与文旅产业相结合为主，加上自然资源性的传统优势形成了小镇的品牌。

国外的特色小镇或者以其极具特色的产业吸引游客，或者以其独特优美的自然资源吸引游客，或者以自身的历史文化吸引游客。总之，全世界的游客都会被这些小镇独有的魅力特色吸引造访，从而带动了当地经济发展、居民收入的增加，借以推进当地特色产业的良性发展，形成良好的社会经济生活循环状态，久之，形成了小镇自身特有的品牌，以及品牌所特有的文化气质。即基于对这种情况的认识，才有了我国特色小镇概念的灵感，借鉴他山之石，以发展我国的特色小镇，进而从人口基础居住的传统意义上的城镇建设，到新时代中国特色小镇的发展道路。

当然，中国这片广袤的土地，孕育了中国人特有的文化特性，而且每一个地方也自有特色，自然资源、经济、人文等方面的不同，决定了我们不可能完全照搬他人模式，中国特色化、地域特色化才是根本。

（三）特色小镇缘出浙江

作为我国特色小镇的诞生地，浙江省不仅诠释了特色小镇的内涵，更是在实践层面，为我国特色小镇的模式构建提供了实践证明，相比我国的其他区域，浙江省已成为我国特色小镇最成熟最发达的地区。按照浙江省的特色小镇创建规划，确定了三大类七大产业为主的发展方向，以信息技术产业、时尚产业、金融、高端装备制造等新兴产业和浙江省各地区传统产业为主。

分析浙江省各个特色小镇的创建成功经验，根本原因在于传统产业占据了整个浙江省的经济的大半，并由此形成了良好的产业沉淀、市场基础、行政与市场化机制、商业氛围与人才结构等。

（1）传统产业的基础深厚。浙江省各地都有自己的特色产业，永康的机电、防盗门，义乌的小商品，乐清的电器，诸暨袜子，宁海汽车零部件和模具，桐乡的蚕丝，而这些特色产业的单项规模并不大，但是在国内的市场占有率很高，有些甚至已经名扬海外，若把这些产业所在区域进行连接，会形成一个庞大的产业化集群，而这个集群就构成了浙江省民营经济。这些传统产业相互推进，互为依存，形成了产业链，所以基础的经济结构决定了浙江省特色小镇的率先发展。

（2）活跃和积极的社会资本。各个产业的蓬勃发展、市场占有率高，民营企业、个体企业、小微企业等各种类型的企业数量很多，社会存量资本较大，且以商业为主的社会氛围，使各个企业更注重信誉，加快了资本的流通速度，而良好的民营经济，也为资本的流入提供了信心与利益导向。

（3）行政部门高效。浙江省各地方政府执政水平和效率较高，服务意识要强于其他地区，从省一级单位开始，主动尝试，积极出台相关政策、推进各地产业的发展，这种主动型的行政管理服务，出现了诸如阿里巴巴等高新产业的落户，也成就了乌镇这样的互联网小镇。

（4）基本发展流程的启示。第一，依据当地人口与人才结构、产业基础现状、自然资源等方面实际现状，确定特色小镇的主导产业、支柱产业，以及由主导产业可能出现的关联行业。

第二，在包括行政辖区在内的区域，积极推动产业的聚集，形成产业的规模化优势，并在产业逐渐聚集的同时，使企业之间、社会资金、资源之间达到融合融通，真正的以合力的状态面对市场。

第三，对产业企业的发展状况、行业水平等方面进行评估，加大对龙头企业的支持，发挥龙头企业的带头作用，加强龙头企业对产业升级、行业引领的示范性、市场化地位。

第四，特色小镇以"特"占据市场，特色的标识就是品牌，用特色的品牌实现市场占位、引领市场，就是要创建、创新品牌，提高品牌的美誉度、影响力、知名度。

第五，发挥政府的社会责任，利用经济效益的收益，提供和提高更好的公共服务和配套设施，产业的规模和效益扩大，辐射外围地域，使产业链、各种资源向乡村流动，达到城乡资源、市场等方面的流通，实现城乡平衡化发展。

（四）特色小镇基本内涵

中国的特色小镇历经探索阶段、浙江模式成型阶段、国家和地方政府的全面推广阶段、实际市场化阶段以及新阶段的主要发展历程。截至目前，仍没有统一的特色小镇概念，结合特色小镇整体的发展历程，特色小镇应有以下范畴：

具有明确的产业支撑和发展规划，有一定的人文历史内涵、旅游特征，在生态保护、服务体系构建、居民就业等整体规划框架内，通过规划、开发、运营，形成以人为本的出发点，通过产业创新升级、文化传承发展、生态环境保护、基础建设和服务配套提升，实现城镇多板块良性循环的可持续发展的新型城镇发展模式。特色小镇是旅游的目的地，是产业和消费的聚集地，是地域文化的传承发扬地，是我国新型城镇的发展区域，简言之，特色小镇即是"产城一体化"的融合新模式。根据产城板块的主要内容，具体主要核心功能如表2.1所示。

表 2.1　　　　　　　　特色小镇产、城、文化融合内容

产城融合		
产业与升级	文化产业与传承	新型城镇化
新兴产业培育	文创产品	基础建设配套完善
传统产业强化及升级	文化旅游	居住条件提升
产业链延伸	品牌构建与传播	生活配套完善升级
各产业融合	文化与主体产业融合	精神生活、城镇文化丰富

资料来源：作者依据特色小镇的特性整理。

二、特色小镇在中国的发展历程

（一）特色小镇的出现

（1）特色小镇的提出，最早出现于民营经济繁荣的浙江省，2014 年 10 月，在视察杭州云栖小镇时，时任浙江省省长李强，首提特色小镇概念，让杭州多一个美丽的特色小镇，天上多飘几朵创新"彩云"。之后通过多次推进，把特色小镇提升至与经济产业发展相同的高度，成为经济发展的主要载体之一。

（2）2015 年 1 月，浙江省两会提出"特色小镇"的概念，明确提出特色小镇概念，并作为 2015 年浙江省的重点工作。

（3）2016 年 7 月 1 日，住建部、国家发改委、财政部三部委联合发布《关于开展特色小镇培育工作的通知》：到 2020 年，

培育 1 000 个左右特色小镇。至此，在国家层面正式明确特色小镇目标，并上升至国家层面经济与社会发展的战略高度。

（4）2016 年 10 月 14 日，由住建部、国家发改委、财政部三部委共同认定，住建部公布了第一批中国特色小镇名单，涉及 32 省份共 127 个。

从标准的特色小镇的概念 2014 年首次公开提及，到上升至国家层面及首批次名单确认，仅用时 2 年。从这个层面可以看出，特色小镇离不开上层构想与政策的支持，特色小镇将会是我国新型城镇化、经济社会发展的重要路线之一。

（二）特色小镇的发展历程

1. 萌芽探索时期

（1）2003 年，时任浙江省委书记的习近平提出全面建设小康示范镇，这是在国家全面建设小康社会的大战略目标背景下，首次提出这一探索型思路。首次从镇域层面思考全面建设小康社会的实现，无形中为后来特色小镇的规划、发展提供了方向。

（2）2002～2007 年，习近平总书记在浙江省工作的时间里，以考察、调研、批示等方式，为浙江省特色小镇的领先发展建立了早期基础，尤其是历史文化遗产及产业小镇方面；同时也为后期推进特色小镇全国化及政策支持，积累了宝贵的经验，以习近平总书记早年考察乌镇为例，当年已经以前瞻的战略发展眼光来重视、思考、探索、论证经济发展、生态环境及文化传承保护之间的关系，后来习近平总书记在乌镇出席世界互联网大会并发表重要演讲，乌镇在 2014 年 11 月 19 日成为该项会议的永久举办地，即是习近平总书记亲力探索特色小镇的有力佐证与成果，也为后来浙江省特色小镇的发展及全国范围的推广，提供了宝贵经验。

习近平同志在浙江省工作的时间里多次到乌镇调研，每次都反复强调要保护好乌镇这一历史文化遗产，解决好乌镇面临的经济发展与生态环境、文化保护之间的矛盾，这体现了他在发展经济、保护环境、文化传承方面一以贯之的思想。[①]

2. 孕育成型时期

（1）2014 年 10 月，时任浙江省省长李强，首提特色小镇概念。2015 年 1 月，浙江省人民代表大会和人民政治协商会议提出"特色小镇"的概念，这是省级地方政府首次明确提出特色小镇概念，并作为 2015 年浙江省的重点工作。此时，浙江省领先其他地方开始了特色小镇的探索落地。

（2）2015 年 4 月，浙江省政府出台《关于加快特色城镇规划建设的指导意见》，官方首次明确了特色城镇的概念特点，明确了特色城镇相对独立于市区的产业定位、文化内涵、旅游开发

---

① 习近平总书记心系乌镇：6 年 5 次访乌镇［N］. 浙江日报，2015 - 12 - 15.

空间平台和一定的社区功能。同时提出建设目标，即三年重点培育和规划建设一百个左右特色小镇。

（3）2015 年 6 月，提出 3 年特色小镇创建目标两个月后，浙江省迅速公布了首批共计 37 个省级特色小镇创建名单。

（4）2015 年 12 月，习近平总书记在浙江乌镇演讲，同月，在召开的中央经济工作会议上，习近平总书记重点讲述了特色小镇，浙江省的多个小镇被提及，随后，习近平总书记批示了中共中央财经工作领导小组办公室的《浙江特色小镇调研报告》，特色小镇受到各个层面的重视及推广。

（5）2016 年 1 月，浙江省公布出台了第二批共计 42 个省级特色小镇创建名单。

浙江省以其特有的产业特征、文化特点，成为中国特色小镇的发源地，也是培育特色小镇的实验田，随后，中央及各地方以浙江省特色小镇建设发展为蓝本，出台相关规划与政策，可以说，在全面推广前，浙江省为中国特色小镇打造了基本发展思路。

3. 全国推广时期

（1）2016 年 5 月，国家发改委发布"今年将引导扶持发展近 1 000 个特色小镇"。

（2）2016 年 7 月 1 日，住建部、国家发改委、财政部三部委联合发布《关于开展特色小镇培育工作的通知》：到 2020 年，培育 1 000 个左右各具特色、富有活力的休闲旅游、商贸物流、现代制造、科技教育、传统文化、美丽宜居等特色小镇，引领带动全国小城镇建设。至此，在国家层面正式宣布特色小镇目标，并提为国家层面经济与社会发展的战略思路。

（3）2016 年 10 月 14 日，由住建部、国家发改委、财政部三部委共同认定，住建部公布了第一批中国特色小镇名单，涉及 32 省份共 127 个。其中，浙江省以 8 个特色小镇的数量位居各省第一位。

（4）2016 年 10 月，国家发改委出台《关于加快美丽特色小（城）镇建设的指导意见》。

（5）中央政策之下，2016 年 8 月，河北省出台《中共河北省委、河北省人民政府关于建设特色小镇的指导意见》，决定在三至五年内，建设百座特色小镇，总投资规模达 2 000 亿元。各地紧随其后，沪、浙、苏、渝、闽、粤、津、京、川等地方相关政策悉数颁布。

（6）2017 年 5 月 26 日，住建部下发《关于做好第二批全国特色小镇推荐工作的通知》，通知中明确要求不得以特色小镇的名义进行房地产开发，另外，对旅游和文化产业为主产业的特色小镇的比例限定在 1/3 以内。由此，国家在特色小镇的创建和发展上，仍是以新兴产业、生产类型的特色小镇为主要方向。

（7）2017 年 8 月 22 日，住建部出台《住房城乡建设部关于公布第二批全国特色小镇名单的通知》，本次创建的特色小镇的名单共计 276 个，至此，国家级特色小镇创建名单共计 403 个。该通知对特色小镇的审批、创建提出了新的要求：

第一，要求特色小镇创建的基础更好，地理区位优势，特色资源突出；

第二，产业项目方面，要求有带动及聚集能力强的高质量项目或产业的储备及实施；

第三，针对创建前的规划编制总规、详规以及专项规划的标准，可以实现准确的定位，制定的发展目标科学可行，小镇规模适中节约资源等；

第四，要有相关支持政策或者举措，要为市场化、企业的导入形成良好的政策氛围；

第五，对老行政区的设施、环境及整体风貌进行改进、提升；

第六，基础配套设施以居民的实际需求为准，满足群众需求的文化旅游项目，要从当地实际出发。

由此可见，特色小镇的创建标准进一步提高，市场化的进程开始提速，对前期的规划要求更高更明确，以实现符合群众的实际需求。

从 2014 年首次提及标准的特色小镇的概念，到国家层面及首批次名单确认，仅用时两年。从这里可以看出，特色小镇离不开上层构想与政策的支持，特色小镇将会是我国新型城镇化、经济发展的重要路线之一；从 2017 年 11 月起，全国第 2 批特色小镇创建名单的出台直至 2019 年末，住建部未再出台新的名单，标志着国家从行政层面对特色小镇创建的引导，转变为以市场为主导的特色小镇创建新模式。

同时，从中央和地方政府的全面推广到市场化主导，仅历时两年，表现了中央政府去行政化的魄力，特色小镇也只有在中国特色社会主义市场中发展，才能持续调整和完善，适应市场检验，以更加充满活力的产业面貌，成为我国新型城镇化可持续发展道路的有效模式，更是实现全面小康社会的需要。

4. 市场化阶段

（1）以江苏省为代表的特色小镇的市场化指导。2017 年 2 月 22 日，江苏省发改委出台《关于培育创建江苏特色小镇的指导意见》，提出有别于传统行政建制镇的"非镇非区"新理念，把特色小镇的概念进一步去行政化，同时放宽进入门槛，但严加考核，进一步明确"三生融合"（生产、生活、生态）、"四位一体"（产、城、人、文）的新模式。这是地方行政单位尊重市场、突破行政规范、自我调整发展的首创，为其他地区提供了有别于浙江模式的新思路，更为特色小镇市场化提供了政策示范、模式样板。

（2）经统计，截至 2018 年 2 月，住建部出台的特色小镇创建试点共计 403 个，再加上各地方自行创建的省级的特色小镇，总数量已超过 2 000 个。

2018 年 8 月 30 日，国家发改委出台《关于建立特色小镇和特色小城镇高质量发展机制的通知》。再次明确特色小镇的发展基本原则，要坚持遵循规律、产业立镇、规范发展、典型引路、优化服务。尤其要求建立规范纠偏的机制，"逐年淘汰住宅用地占比过高、有房地产化倾向的不实小镇，政府综合债务率超过100%市县通过国有融资平台公司变相举债建设的风险小镇，以及特色不鲜明、产镇不融合、破坏生态环境的问题小镇；对创建名单外的小镇和小城镇，加强监督检查整改"。①

从该通知的标题与内容中，国家已把特色小镇与特色小城镇进行了区分，前者指非行政建制镇（区）的特色小镇，后者指建制镇的特色小镇，这也是特色小镇市场化的结果。

（3）面向市场即要遵循并符合市场经济规律，该阶段有两大特点：一是以企业为主体，非行政建制小镇的大量筹备上马，全国遍地开花，且数量、宣传推广力度、发展活力等，大有超过国家和地方认定的行政建制镇的特色小镇，且市场经济环境中，特色小镇已然多指此类商业特色小镇，该类特色小镇因经济利益、定位、规划等原因，申报失利或并未进行申报国家级、省级特色小镇；二是全国化推进特色小镇开发，推进特色小镇市场

---

① 国家发改委. 关于建立特色小镇和特色小城镇高质量发展机制的通知，2018 - 8 - 30.

化，包含各类商业特色小镇在内，各个特色小镇运营同质性、模式化、房产化、产业空心化等问题频出。

（4）作为重要的发展路线，国家各部委和地方政府出台各类辅助政策，大力支持和推进特色小镇建设，但因各地资源、经济、文化、财政甚至人口结构等发展不平衡，并非所有地方小镇都可以照搬浙江特色小镇模式，但多地跟风，尤其是特色小镇房地产化的情况较为严重，除因经验不足、资金资源不平衡等因素，在利益促动下，一些地方和企业借特色小镇之名，大力开发房地产，成为出现诸多问题的原因所在。

面对这些问题，2017 年 12 月，国家发改委、国土资源部、环保部、住建部等四部委联合颁布《关于规范推进特色小镇和特色小城镇建设的若干意见》（以下简称《意见》）①，对申报、建设特色小镇等方面进行规范。以下对部分关键点进行分析：

"浙江特色小镇是经济发展到一定阶段的产物，具备相应的要素和产业基础。各地区发展很不平衡，要按规律办事……避免盲目发展、过度追求数量目标和投资规模"。避免地方政府因为政绩需要，"考察就是经验，成功即可复制"，跟风追求数量、形象等，乃至忽视市场规律，除了产业、文化、建设等方面的协调融合，各地因地制宜，不可盲目复制浙江省，要实事求是

---

① 国家发改委. 关于规范推进特色小镇和特色小城镇建设的若干意见，2017 - 12 - 5.

的发展。

"……各地区要以企业为特色小镇和小城镇建设主力军，……鼓励大中型企业独立或牵头打造特色小镇。"企业作为主体进行投资建设，这是对特色小镇商业运作主体的明确。政府部门作为税收扶持、公建、资源调配等，站在产业规划、建设规划、生态环境等层面进行监管、服务，保障行政、市政基础条件。这样，政企分工明确，企业可以按照市场规律办事，引入、盘活市场各类资金，减少减轻政府财政压力，而且产业性企业作为主体开发，更有利于产业的快速导入及产业落地，使特色小镇的培育期更短。

"从严控制房地产开发，合理确定住宅用地比例……适度提高产业及商业用地比例，鼓励优先发展产业。防范'假小镇真地产'项目"。特色小镇的开发，需要大量资金的投入，不管是用于产业生产经营的场所，还是小镇内部人员的基本生活，都需要基础建设，而房地产开发企业相对其他类型企业，具有资金、建设双重优势，同时，房地产企业的地方政企资源优势明显，加上土地与房地产开发可以高效补充地方财政收入，致使虽然以企业为主体进行开发建设，但在实际开发建设过程中，部分特色小镇打着产业、文化等方面的外衣，仍是拿地建房、房产租售的老模式，"特色"无处可言，严重的还造成大量的土地资源的浪费以及房屋空置，甚至是环境的破坏，反而给地方政府和当地居民造成不可估量的损失。《意见》适时的出台严控房地产开发的要求，正式对这一偏向进行纠正和规范。

市场化推进，政府部门、企业应首先明确各自在特色小镇开发建设运营过程中的角色、功能定位，才能更为有效地规避以上问题。企业为主体的产业化运营的小镇开发，是政府部门在市场经济活动中去行政化、提高自身行政效率、可持续发展的科学做法，但政府应严控特色小镇基础土地结构指标、产业规划布局和升级、规划控制性指标、生态环境保护、居民就业等，积极协助商业特色小镇申报国家级、省级特色小镇，争取相关政策支持与资金补助补贴，做好让特色小镇在城市、镇域的整体发展框架与规划下，真正发挥"抓手"的重要作用。

5. 调整优化阶段

市场化的最大特点是市场的事交给市场办，经过 2 ~ 3 年的特色小镇建设全面推进，政府部门作为主管单位，履行各项行政管理服务、市政基础配套建设等，企业作为特色小镇的开发主体，进行市场经营活动，实际落地、运营特色小镇的定位、规划、产业运营（或招商）、建设、服务等商业行为。由此出现的各种问题，国家和地方政府也进行了严格管控，杜绝盲目跟风、利益短期化、房地产化等行为，遵循特色小镇自身的发展规律。因此，特色小镇进入市场化深化发展新阶段。

截至 2018 年 12 月 31 日，全国共计淘汰和整改的"问题特色小镇"达到 419 个。其中，省级 70 个，市级 174 个和非政府规划的市场行为套用特色小镇名义的 141 个，国家体育总局 34 个（原有运动休闲小镇 96 个）。①

2019 年 3 月 31 日，国家发改委发布《2019 年新型城镇化建设重点任务》，明确要有纠偏的机制，并逐年对特色小镇进行监测，以进行实际评估，另外重点是要淘汰那些错用尤其是套用和滥用特色小镇概念、曲解特色小镇内涵以及缺失投资主体的特色小镇。

随着市场化推进，一些项目和企业为追求外在形象，混淆特色小镇内涵，套用特色小镇概念，"特色小镇"随处可见，严重影响了特色小镇的正常构建与市场形象；无法经受市场检验，未通过国家逐年的监测评估的，实际已不再是特色小镇，逐步逐年的调整势必会成为常态。

（三）特色小镇在我国的发展预估

1. 实际现状

在国家发展特色小镇战略及出台多种政策的驱动下，各地方政府纷纷响应和出台相关的地方特色小镇政策、发展规划，全国掀起了创建特色小镇的浪潮。从基础建设、行政服务、配套服务、精神生活等多角度，对居民的生活产生了巨大的影响。

---

① 国家发改委规划司. 2019 年全国特色小镇现场经验交流会，2019 - 4 - 19.

（1）跟风式地学习浙江模式，不顾自身现状和特点，导致了特色小镇的同质化、形式化现象严重，尤其各地缺乏运营特色小镇的专业能力，很多只是"形象工程"，缺乏产业支撑。

（2）借助特色小镇的热潮，以资金密集型为特点的房地产企业，大量地进入特色小镇的建设中，很多房地产企业缺乏特色小镇的创建能力，致使特色小镇"房地产化"倾向明显，甚至制造了大量的新库存。很多房地产开发企业的强项是建设能力、地方资源整合能力和融资能力，但缺乏实际的产业发展规划能力、运营能力，习惯了大量现金流和赚"快钱"的模式，势必缺少深入研究特色小镇的耐心，尤其是产业导入的专业性规划，使许多项目披上特色小镇的外衣，但无任何特色，而特色小镇也逐渐空心化，最终损害了地方政府和居民的利益，甚至这些企业损失大量资金资源。

2. 仍要坚持产业化运营的基本原则

基于已经出现的问题，国家和地方政府通过政策限制、地方审批等行政干预手段进行调整，在市场化进程中出台一系列相配套的指导性、规范性政策。从这些政策中我们发现，产业是一个特色小镇的价值所在，构建和培养产业是小镇成败与否的关键，而特色小镇发展的中心点并不在于开发建议，而是在于核心产业的培育和运营。具体要点如下：

（1）梳理特色小镇内涵，产业的聚集是特色小镇的关键点。

一是传统产业要升级。传统历史产业是小镇的核心，实现这种升级不是加大基础的生产能力，而是通过特色小镇的构建，进一步吸引高科技专业型人才，使产业产生聚集效应，整体提升产业生产力和产品品质，实现强劲的市场竞争力和品牌影响力，并推进上下游产业的关联性发展。更新迭代后的产业，不再只是劳动密集型的产业，而是流入有一定科技与新的生产力形式的产业，否则只是嫁接而已，并不能真正使产业产生强大的市场竞争力。二是新兴产业的培育。国家和社会的发展，以信息经济产业、先进和高端制造业、战略性制造业等高科技高技术行业的发展为主，这些产业具有广阔的发展和市场空间，对特色小镇的发展具有长期的战略作用，但不同于普通加工制造、商贸服务行业，高新技术行业有很强的专业性壁垒，所以当地政府必须结合传统经济优势与新兴产业龙头企业合作，以龙头企业的市场影响力、专业力以及行业资源优势对产业进行培育，否则以产业园的方式进行，会造成更多的资金、土地资源的浪费。而政府方面需要进行综合性规划管控、政策与行政服务，同时要制定高端专业型人才的培养、引进计划和政策。

（2）文旅类特色小镇，切忌照搬旅游景区的开发、运营模式。旅游业属第三产业范畴，所提供的服务是核心，而旅游景区只是以旅游资源的开发为出发点，但文旅小镇不仅是旅游目的地，还是以旅游业为主的全产业链构建，是以小镇社会生态为基准的出发点。所以文旅小镇的出发点，必须以人为本，提供的服务要满足现代人的实际需求，注重旅游服务配套的完善，以休闲度假方式而非游览观光的目的来代入式思考和规划，明确单单靠观光游览或单一的服务是无法形成产业循环的；同时，大力发展和传统特色小镇既有文化，要使地方文化产业化，而非仅仅是文化观光购物，同样要形成产业体系，甚至文化输出、形成文化品牌。

（3）谨防特色小镇的创建成为房地产开发。首先，地方政府要抛却对短期土地财政的依赖，切忌在任者追求政绩，从行政出发点对特色小镇的规划进行管控。其次，尊重特色小镇的发展规律，切忌盲目跟风，追求快速成型，建设速度可以快，但是产业体系构建、产品竞争力形成、品牌产生经济效益、市场占有率提高，是需要多方面长期的积淀才可以形成的。

在房地产开发建设受限的情况下，特色小镇运营的开发建设进度、运营阶段安排会受到一定的影响，尤其是经营性现金流的平衡，使得企业不会因为某一个小镇占用过量资源使得其他小镇开发失去支持；在项目规划中如何确保合适的度，使得规划能够被接受均为待解决的问题。

3. 未来发展趋势

（1）特色小镇的产业化特点会越来越呈现出竞争力。无"特"不镇，以"特"为出发点的小镇产业运营，把特色进行深度挖掘、包装、推广。

（2）特色小镇的发展是乡村振兴战略的有效手段，一方面城市化进程的持续推进；另一方面乡村振兴战略的深入实践。而处于城市和乡村的中间环节，特色小镇的培育和发展，有利于城市与乡村之间生产要素的流通，所以特色小镇的规划体量、投资规模会越来越大，不仅局限于3平方公里左右，而是整镇域的规划和产业发展，势必会加大政府的财政投入、社会资本和金融机构的引入，最终真正形成特色小镇产、城融合的发展模式。以政府和政策为导向，特色小镇为纽带，带动城市产业转移、乡村产业升级，高端人才下沉居住、乡村居民收入增加，多方资本投资、专业化运营的社会生产生活模式，从而提高社会城镇化率。

（3）重视挖掘文化特色，尤其是产业文化。文化是特色小镇的形象标识，是特色小镇对外宣传的品牌标签和名片。从特色小镇的前期筹划到后期的建设和市场运营均需要充分挖掘地方的特色文化。以产业为主的特色小镇，随着时间推进并伴随小镇自有的生活规律和特点，从而形成特有的产业特征的文化特色。尤其是在特色小镇前期策划阶段，应当把地方的特色文化和产业文化同时作为文化产业的出发点，将小镇的特色文化，浸入后期小镇的生产、生活以及生态的各个方面。文化就是凝聚力，只有文化落地，才能真正实现"人文产城"的融合，虽然最终形成的是产业，但社会形象、品牌形象和精神内核则是特色的人文。

（4）与小镇特有文化气质相符，小镇的生态环境（人文生态和自然生态两方面）会越来越好。随着人才结构提升、产业和产业文化对居民的生产生活的规范，小镇整体的居住人口素质会有质的提高，同时小镇的休闲度假功能，使人养成良好的服务意识，而小镇经济效益与收入的提高，也会有更多的资金与资源用于自然生态环境的建设。

（5）以文旅＋服务型产业为主的特色小镇会逐渐增多。并非所有的特色小镇都有浙江产业型小镇的传统产业优势，而对交通、传统经济、社会资金等方面要求更高。更多的小镇还是以旅游文化资源为基础，以文化旅游为产业核心，通过完善上下游供应和消费链，以实现小镇的发展，而且相对生产产业型特色小镇的创建条件高、时间长，文化旅游小镇有相对容易的操作性、可行性，同时文化旅游是直接面对消费者，经济效益产出效率高。同时，随着社会进步，物质生活的丰富，居民对精神文化层面的追求越来越多，越来越重视自我、个体和家庭，尤其以康养产业为前沿的新兴服务产业，市场氛围逐渐成熟，潜在市场价值越来越大。以旅游为纽带、文化为标签、服务型产业为主题的综合性特色小镇会越来越多，如旅游＋中医文化＋康养的特色小镇，旅游＋农耕文化＋生态农业等；当旅游目的由游览观光向休闲度假转变，体验型消费需求增多，单一的服务项已经不能满足游客的需求，而多元素融合性发展，成为特色小镇发展的重要方向。

（6）完善和提升基础设施与公共配套服务。主要体现在两个方面：一是特色小镇不仅要有产业，而且应是一个全生命周期的生活空间，如老年人、少年、中青年的生活等，是生产生活居住为一体的社会化功能区域。没有了生活和居住，特色小镇只能是产业园区，这就需要基础设施与公共配套服务的完善；二是社会与市场经济的发展，使原有人才分配体制转变为市场需求机制，产业不再可以快速地吸引人才，转为人才的聚集能有效地实现产业聚集，尤其是高端技术等专业人才。所以行政主管部门要把公共服务与政策向高端技术型人才倾斜，制定长期的人才培养和引进计划，通过特色小镇完善的基础设施和公共配套服务，解决人才的扎根问题，使人、产有效的结合。"人文产城"融合的特色小镇模式的核心是人才的竞争，而人才的聚集的关键是完善的基础配套与服务。

（7）特色小镇开发创建企业越来越重视社群文化生活营造。面临越来越严厉的监管及政策的出台，企业的各类市场化行为得以逐步规范，企业经营越来越从属于市场，尤其是互联网行业的发展，促进了各行业与终端消费者的直接接触，市场信息更加透明、市场竞争更为充分，消费者通过海量信息不断提高消费需求，特别是越来越注重自我的需求满足，促进了消费习惯的精细化和个性化，这就要求特色小镇，发挥社区版块的功能，通过社群文化生活的建设和运营，加强目标客群的黏性，从而实现特色小镇的可持续发展。不注重消费个体的体验、服务以及文化精神需求，就无法与社会经济发展、精神文化发展同步，也就无法实现特色小镇的良性循环运营。

社群文化的建设和运营，是通过实现小镇社区居民消费个体的潜在人性化需求（从物质需求到精神需求），涵盖消费个体生活的各个方面，从而实现居民消费个体对小镇的信任度，形成小镇居民特有的生活方式和消费习惯，甚至对小镇的依赖性，进而实现小镇的长期发展。这也是目前各个特色小镇正在尝试或即要执行的发展方向。

三、特色小镇的分类与特点

（一）特色小镇的分类

1. 特色小镇和特色小城镇的区别

二者的立足点不一样，特色小镇不是行政区划的城镇，它没有行政管理机构，是以产业生产和经营为主要行为的区域，特色小城镇就是行政区划城镇，只是该类小城镇的地方产业资源特色鲜明。

特色小镇基本条件是：立足一定资源禀赋或产业基础，区别于行政建制镇和产业园区，利用 3 平方公里左右国土空间（其中建设用地 1 平方公里左右），在差异定位和领域细分中构建小镇大产业，集聚高端要素和特色产业，兼具特色文化、特色生态和特色建筑等鲜明魅力，打造高效创业圈、宜居生活圈、繁荣商业圈、美丽生态圈，形成产业特而强、功能聚而合、形态小而美、机制新而活的创新创业平台。

典型特色小城镇基本条件是：立足工业化城镇化发展阶段和发展潜力，打造特色鲜明的产业形态、便捷完善的设施服务、和谐宜居的美丽环境、底蕴深厚的传统文化、精简高效的体制机制，实现特色支柱产业在镇域经济中占主体地位、在国内国际市场占一定份额，拥有一批知名品牌和企业，镇区常住人口达到一定规模，带动乡村振兴能力较强，形成具有核心竞争力的行政建制镇的排头兵和经济发达镇的升级版。①

对比二者的典型区别：前者非行政建制，规模较小，但是产业和文化特色明显；后者以建制镇为基础，包含行政机能在内的镇域的整体性构建。

特色小镇一般是建立在特色小城镇历史产业、文化传承等基础之上的，所以市场上多把特色小镇与特色小城镇的概念进行重叠理解，即特色小镇与特色小城镇在不同的场合或环境中互为形象代表。

目前，社会经济生活中，特色小镇普遍指前者，相对国家和

---

① 国家发改委. 关于建立特色小镇和特色小城镇高质量发展机制的通知，2018 - 8 - 30.

政府对特色小镇与特色小城镇的称呼，该类小镇也称"商业特色
小镇"，即对市场依赖程度更深、商业化程度更高，而对各个计
划申报或已经进入特色小镇创建的企业来讲，对前者的科学认知
和研究，是有效面对市场经济活动的必经之路（见表2.2）。

表2.2 特色小镇与特色小城镇对比

名称	特色小镇	特色小城镇
主要特点	（1）相对市区具有独立性的平台；（2）产业定位：聚集整合资源，发展特色产业和新兴产业、文旅产业；（3）文化内涵：传承地域文化，文化融入产业和居民生活；（4）具有观光旅游功能	（1）行政区划建制镇（乡）；（2）居民生活属性强，生活配套与服务；（3）位置优势、地域特点强、资源特点明显、经济力量突出、产业聚集、建筑特色明显、地域文化传承较好
主体	企业	政府
背景	经济转型升级、城乡一体化、城乡统筹发展、乡村振兴战略、供给侧结构性改革等	新型城镇化建设、美丽乡村
面积规模	多在3平方公里，建设面积占比1/3，视产业定位需求略有差别	一个整行政镇域，视镇域面积大小，多为20平方公里
产业类型	以产业聚集的方式，新兴产业、传统产业及升级；服务体验产业＋文旅	商品流通贸易、基础建设、工业、农业种植产销、旅游观光、地域历史及文化、民族民俗等
规划建设	政府产业规划、行政服务和管理，企业为主体进行市场化的运作	总体城镇规划为纲，财政支持
属性	（1）市场化的经济活动；（2）包含文化产业化的产业特征强	（1）公共服务性，社会性；（2）表现在建设、提高城镇居民生活水平（基建、市政配套、公共服务等）

资料来源：国家发改委. 关于建立特色小镇和特色小城镇高质量发展机制的通知. 前瞻产业研究院网站.

2. 主题分类

市场化分类是以特色小镇的支柱（核心）产业、文化底蕴为依据，结合市场竞争与需求，进行特色小镇的定位、规划与发展。从市场化主题来看，主要分为两大类：一是以浙江模式特色小镇为代表生产产业型特色小镇，二是以旅游为产业、文化品牌相结合的文旅小镇。除了这两类特色小镇，还有其他主题型特色小镇，如目前最火热的康养类特色小镇、养老类特色小镇、田园农旅主题小镇、运动体育类小镇等。

分类统计 127 个国家第一批特色小镇，旅游类特色小镇所占的比例最大，加上历史文化类特色小镇，文旅类特色小镇占总体特色小镇的比例为 68.5%，我国的西南地区居多，以云贵川等地具有一定文化特点的旅游类小镇为代表，而产业型特色小镇主要集中在江浙地区。①

（1）产业型特色小镇，主要依据浙江省对特色小镇的划分方式，根据特色产业的不同分成三大类：

第一类为"以提供技术与金融服务产品为主"，突出为信息经济小镇、时尚小镇（时尚技术、设计等）、金融小镇的三个主要类型。第二类为"以提供实物产品为主"，分为环保小镇、健康小镇 A（健康类实物产品）、时尚小镇 B（时尚物品产销等）

---

① 住建部. 住房城乡建设部关于公布第一批中国特色小镇名单的通知，2016 – 10 – 11.

与高端装备制造小镇的四个主要类型。① 第三类为"以提供体验服务产品为主",分为健康小镇 B（健康体验服务等）、旅游小镇和历史经典小镇的三个主要类型。相比前两类,该类并不是浙江特色小镇的传统特色,也不是浙江省重点发展的特色小镇主要方向。

（2）文旅特色小镇。该类型特色小镇是以当地的特色文化、旅游资源为产业核心,向客户提供体验服务产品为主的旅游类型的小镇和历史文化类型的小镇。相对产业型特色小镇需要依托传统的成熟产业,旅游类小镇的产业基础的成熟条件需求不强,门槛相对低,加上各地方都有一定的旅游和文化资源,所以操作性更强,同时旅游的消费性较直接,投资回报周期也短,是目前各地方和企业主要的特色小镇创建模式（见表2.3）。

表2.3　　　　　　　　　文旅小镇与产业小镇对比

类型	核心产业	要素要求	成本要素	盈利要素
文旅小镇	旅游、休闲度假、康养、运动等	旅游资源特色,注重人的需求	资源开发、配套体系建设	旅游及配套服务、房地产
产业小镇	新兴和高端产业、传统产业等	区位、交通、产业配套要求高	产业和生活的配套设备设施	产业财政税收、房地产

资料来源：作者自行整理。

---

① 健康小镇分为 A、B 两种类型,A 是提供实物产品的健康小镇,第三类里面的健康小镇 B,是提供健康体验服务的。

（二）特色小镇的特点与发展要点

1. 产业类特色小镇

（1）典型性特点。

第一，小镇的核心是产业，产业以生产为目的，小镇以吸引高端及专业人才居住、创业、生活为主。

第二，依托以行政建制镇为主的特色小城镇，普遍属于国家和地方政府创建的特色小镇。在市场推广传播中，常见形式多以小镇名字＋产业为主，如诸暨袜艺小镇、桐乡毛衫时尚小镇。

第三，特色小镇经济以传统产业为主，或者该产业有良好的发展基础、氛围和环境，在行业内、省内、国内甚至全世界有较大影响力、较高知名度。如浙江杭州云栖小镇，即由杭州西湖区依托阿里巴巴公司，围绕信息经济，创建的以云计算产业为主导的特色小镇；宁波智能汽车小镇，宁海新区政府依托传统汽车零部件和模具产业，结合本地新能源智能化前端科研企业聚集的优势，吸引、招商新能源汽车企业，围绕新能源汽车进行产业升级的特色小镇。

第四，对交通和区位的要求较高，较多集中在经济较发达区域或临近大中型城市，尤其对产业相关配套要求高。

（2）发展要点。

第一，民营经济活力足，多数特色小镇的建设，依据当地已有传统经济，且传统经济已较为发达，产业发展的经济基础良好。

第二，政府执政水平和执政效率高，政府主动性强，政府单位参与规划较多，特色品牌与名片多以小镇所属行政区进行推广。

第三，具备良好的产业构建与升级的软硬件环境。

第四，市场与民间资本活跃。

2. 文旅特色小镇

（1）文旅小镇是目前特色小镇细分种类、数量最多的特色小镇，简言之就是以地方传统文化品牌为主、以吸引游客休闲、度假、观光等，通过旅游业支持经济发展和产业升级的特色小镇。这种以旅游业为产业特点的特色小镇，均可称为文旅特色小镇，目前，各地多以文化旅游与生态景观游两种形式为主。具有以下主要特点：

第一，产业规划与产业升级以地方特色旅游资源开发运营为主，如依托风景优美的自然资源和生态环境，古建筑与传统建筑，民族民俗标识强的地域文化特色，文化或建筑特点突出的商业街（购物）等，同时衍生的服务业、文创产业为主产业的补充。文旅小镇对区位的要求相对不高，但对特色的旅游资源、配套服务的要求比较高。

第二，以旅游为目的流量型消费客户居多，游客消费的重复性相对较低，同时特色小镇面临的竞争也较多。

第三，随着近郊游的发展，一、二线城市居民对城市周边文旅小镇的需求增大，特色小镇客源相对充足，市场潜力巨大。

第四，旅游的开发经营活动主体多为企业，以地方村镇集体企业和民营企业为主。

（2）发展要点。

第一，旅游资源开发运营与生态环境保护、旅游资源的可持续发展之间关系的协调。

第二，旅游资源是小镇"特"的根本，但文化特性的不同是小镇突出市场竞争的首要条件，尤其品牌传播方面，相对产业类特色小镇行业内知名的程度，文旅小镇文化品牌的传播相对较复杂。

第三，旅游资源、地域文化氛围等类似的情况较为普遍，这就需要各特色小镇，依据市场现状，突出打造与旅游、文化相关的产业，形成错位经营，用以补充和差异化旅游产业。

第四，文旅小镇的产业是旅游，旅游的核心是消费，以旅游度假为目的的配套和服务应相对完善，但产业规格要求并不太高，主要是住宿、餐饮等传统服务类配套。

第五，产业化发展，培育和吸引了一批专业性服务机构、开发企业，引入该部分资源，以实现产业升级。

（3）与旅游景区的对比。

第一，二者的开发都是建立在地方的旅游资源基础上的，二者功能可以互为转化。以旅游产业为主的特色小镇，可以建设成为旅游景区，而部分具有历史文化的乡镇，或者自然资源独特、优美的旅游景区小镇，也同时具有文旅的功能。

第二，文旅小镇的模式基于丰富的文化内容和特色，消费内容不仅局限于景色本身的视觉感官，而且重点构建游客的体验互动类型的服务，通过休闲度假服务体系的构建，延长消费者体验的时间，使游客心身产生舒服感，以达到消费的目的。

普通的景区多数以提供视觉性观感为主，虽然配以纪念品购物、餐饮住宿等，但是并未形成消费体系性构建，收入并不理想，景区这种以资源开发为主的旅游供给模式，竞争力越来越低，从而无法形成持续的经济效益，而逐渐使景区的游览环境、配套设备设施逐渐落后，游览的项目逐渐单调化，最终致使消费者在景区的停留时间不足，消费潜力没有得到刺激。

第三，从目标客户群体上看，文旅特色小镇更侧重于以周边大中型城市、核心城市的中高端群体为主，该群体虽然也有旅游需求，但更多强调自身的参与性休闲放松，以享受时间段内的亲情、友情的交流互动，而特色小镇更多是一个目的地以及向各种休闲度假项目导流客户的集中地，客户重复性消费性强。

以普通旅游区为例，它是对资源地本身旅游资源的开发、经营，达到地方和旅游企业的盈利，多以流量型游客的旅游收入为盈利方式，在旅游资源开发过程中，缺乏对整个区域资源的产业化整合、区域文化产业化、相关上下游产业的引导、培育、发展，开发模式尚处于低级，与特色小镇建设以人为出发点不同，更多强调外在资源，目标客户群复杂，随着人们对精神生活的追求发展，中高端人群对景区的需求性越来越低。所以景区的这种开发模式势必会受到极大挑战，仅以观光为目的景区运营状况以及可持续发展前景堪忧。

3. 康养特色小镇

（1）健康产业，未来最有潜力的产业发展方向之一，物质丰富、环境污染及社会压力的增加，使健康成为居民最为关注的话题。以康养为产业主体的特色小镇已经成为各地、各企业创建的主要方向，康养产业主要分为以下五个种类：

一是运动健康产业。以健康的运动介入使人身体健康、压力释放，这是康养小镇产业和服务的必备项，依据小镇地理、地貌等情况，确定具体的运动或体育项目。

二是饮食健康产业。通过健康的食品、合理的饮食与作息规律，使身体健康、衰老延缓；该项内容是融入目标客户日常生活必需的服务产业项目，最好的方式是依据季节与节气，结合人体特点进行概念包装与产业产品和服务的提供。

三是休闲度假产业。通过农业度假、自然环境度假、温泉度假等资源型度假为主，使人通过休闲度假的方式，身心放松愉悦。

四是医疗康养产业。以传统的中医理论和传统养生文化,或以西医医理、先进仪器为基础,结合中草药种植、观光、初加工等,进行健康养生、身体康复。

五是养老产业。即通过老年人的养老服务,解决老年人的孤独感、身体机能以及健康养生等问题。养老产业本身就可以独立成小镇产业,但因养老产业的不成熟性,真正地实现盈利仍有一定难度。

(2)康养小镇主要具有以下特点。

第一,目标人群的消费属性和消费目的较强,消费持续时间较长,市场潜力较大,市场培育相对容易,受到各地方政府的重视,吸引了外部资本的进入,是目前特色小镇争相培育创建的方向。

第二,康养体系主要涉及身体、心理、社会关系三大方面,但三大方面所包含内容很广,且康养产业链较长,在实际具体产业构建时,难以实现康养产业的全方位全体系。

第三,康养产业专业性较强,相对文旅小镇的开发,经营和运营的门槛高,同时对专业性人才的需求更大。

第四,目前的康养小镇,多数是以传统中医康养理论为基础,西医先进的设施设备为功能辅助,通过膳食营养、运动健康、健康环境、体检、健康服务和产品等方面构建康养产业。

（3）发展要点。

第一，首先明确康养与疾病的医治和防疫，二者不是等同关系，培育康养特色小镇，切忌按照医疗机构的建设思路去规划定位，盲目上马大量的医疗设备设施。

医疗机构是医院、诊所、防疫部门与患者的身体疾病的治愈防疫的关系，而康养小镇培育方向应是身体亚健康的慢性恢复、身体机能衰退的延缓、日常身体的养生调理为主；康养重在生活的日常，医疗机构与人的频次是短期状况的修复行为，康养无法解决的问题交由医疗机构解决。

第二，康养产业的构建，仍是以医学理论为基础，尤其要重视、使用和构建传统中医理论为基础的健康体系。

第三，人体机能的健康情况与调理建议，需要有健康、营养、医学类人才；同时，人体机能的调整，需要一定的时间，这就需要紧密的持续服务，后续服务团队的需求较大，人力成本支出较高。

（4）康养小镇的养老功能。

随着中国人口老龄化的加重，越来越多的老人的养老问题突出，养老服务产业的市场潜力巨大，在康养类特色小镇中，许多包含有养老功能，即以服务老年人生活的各个方面为主要经营项目。养老本身作为一个产业，与康养有一定的区别，但因养老产业与康养的关系密切，所以很多康养小镇具有养老板块的业务。

养老产业根据目标人群的机能不同，可分为适老产业（针对有完全自理能力的老人）、助老产业（针对具有半自理能力的老人）、养老产业（失能老人），该类产业具有以下特点：

第一，养老产业不能孤立成型，必须与健康、医疗等产业相统一，除了目标人群具有的重叠性，更能提高成本效能和经济效益，多与康养产业一体化创建。

第二，失能老人的看护关爱多以养（敬）老院的方式为主，多数小镇虽然有养老产业，但就失能老人的看护而言，虽然有些设想甚至概念规划，但实际情况仍以适老产业的打造为主。

第三，基础设备设施、居住功能与配置等符合老年人的使用，具有丰富的适合老年人日常生活的文化活动等。

（5）养老产业在特色小镇的发展要点。

第一，目前，居家养老仍是我国现阶段的主要方式，受制于传统观念、费用支出等原因，养老院寄宿服务的市场基础还不完全成熟，仍应以适老产业的培育运营为主。

第二，养老产业不能孤立发展，需要与匹配的康养产业统筹规划。

第三，在前期产业规划时，应了解老年人的生活特点，老年人呈现生活组团化的特点，即老年人的日常生活，多是数人集体活动，需要建立适合老年人的小镇社区文化、公共交流空间、家庭子女到访的交流空间等。

第四，对服务对象的机能现状把握要准，对老人的生活服务需要更为细致和用心，人力资源与健康资源的投入是养老产业的支出大项。

4. 田园农旅小镇

田园农旅，以乡村田园旅游度假为核心理念，多数为田园综合体，田园综合体为乡村振兴的主要路径之一，项目以国家单独成项为发展模式，但从市场的角度而言，也把这类项目归为特色小镇。该类特色小镇与文旅小镇的模式相类似，通过（生态）农业种植、加工、展示及相关配套服务的建设，吸引目标人群的旅游观光、民宿居住、特色餐饮、农产品销售等，形成农业和旅游的产业互动，从而升级地方产业、提高居民收入。

5. 其他类型

特色小镇的种类很多，目前我国的特色小镇，依据支柱产业不同，主要以生产型产业与文旅型产业为主，但随着市场的发展以及消费者的需求不断提高，一方面是特色小镇种类丰富，如森林小镇、运动体育小镇、金融小镇等；另一方面是单一产业无法实现特色小镇的有机发展，小镇的产业也开始多元化，例如，每一个小镇都有一个泛文旅的概念，多数已经开始加大文化产业的包装与整合。

（三）特色小镇与产业园区等经济区域类型的区别

特色小镇是产业化、生活化、文化标识性强的产城一体的综合区域，其产业体量不一定大，但是往往有较强的品牌影响力、知名度和较高的产业技术水平，以产业为运营主体。

产业园区的一贯流程是政府进行招商，以较低价格提供所需土地，并投资进行基础设施建设，即政府打造好平台和基础条件后，吸引各类企业的进驻，以实现地方的产业和经济发展，当地政府多通过以土地出让金的形式来平衡因招商引资而引起的亏损（见表2.4）。

表 2.4 特色小镇与其他经济区域类型对比

类型	运营主体	产业	行政定位	功能
特色小镇	企业	新兴产业、康养产业、文旅产业、现代农业等	非行政区，面积较小	产业及产业升级、社区生活、文旅
行政建制镇	地方政府	以服务日常生活的第三产业为主	行政区，面积大	居民生活服务
工业园区	地方管理委员会	制造业	独立行政区，面积可大可小	生产
产业园集群	企业	制造业	非行政区，面积较大	生产
旅游区	地方政府、旅游公司	旅游、度假及相关服务业	非行政区，面积视资源占地情况	产业运营、生活
经济开发区	地方管理委员会、投资企业	高新技术及其他	半行政区，面积较大	生产兼顾生活

资料来源：作者依据各类型特征自行整理。

（四）田园综合体与特色小镇的关系

二者都是国家倡导的经济发展及城乡结构调整的重要方式，其中，田园综合体的提出时间为 2017 年初，特色小镇的提出时间为 2016 年，二者时间相近，可见，二者是国家倡导经济与社会发展的融合性方式。

1. 田园综合体的内容

基于江苏省无锡市山阳镇田园东方项目的成功经验，2017年 2 月，《中共中央、国务院关于深入推进农业供给侧结构性改革加快培育农业农村发展新动能的若干意见》正式把"田园综合体"作为解决"三农"问题的新型产业发展措施，"支持有条件的乡村建设以农民合作社为主要载体、让农民充分参与和受益，集循环农业、创意农业、农事体验于一体的田园综合体，通过农业综合开发、农村综合改革转移支付等渠道开展试点示范"。

保障和实现粮食安全是我国的基本国策，但农业的产业效能较低，造成了城乡发展不平衡、居民的收入差距较大等问题。田园综合体，是以农业产业为核心，但不再以传统的农业种植为产业的唯一模式，而是发掘农业的市场化方式，结合农业农村特色，直接面对消费终端，使农业实现现代化、多元化发展，农村的生活品质得以改善和提升，同时实现农民的收入增加。田园综合体主要包含三个方面：

（1）田园综合体的农业产业现代化。这个现代化不仅仅是指生产劳作方式、生产工具的现代化，而是指包含了生产工具和生产劳作方式在内的，农业的产业体系、服务体系、市场化体系等多个方面，根本是农业产业形式的多元化、农民收入的多元化，例如传统的农业种植，通过农民的耕作，最终以粮食作物、经济作物的收割买卖为主，但农业产业形式的多元化，可以把从耕田、种植、生长、成熟、收获在内的各个环节，通过市场推广、文化包装等形式，实现产业化运作，在每一个环节均可以产生经济效益，从而增加农民的收入。

（2）田园综合体内含有农业农村的休闲旅游。乡村游已经成为当下的一种时尚，乡村民俗风情游、民宿体验等与乡村有关的休闲度假游已然成为一种时尚趋势和旅游的主要形式，从供给角度讲，农田与农村的生态环境可以为城镇消费者提供优美舒适的环境，农村有别于城镇的生活方式与居住环境，给消费者提供乡土气息浓郁的生活特色，是城镇居民最容易实现的风情体验，乡村游的旅游体系是吸引消费的驱动力。

（3）田园社区的打造。产业发展的最终目的是改善和提升居民的生活品质，是以地方特色的农业生态环境为基础，实现农业产业对生态环境保护的积极作用，一是乡村的社区建设，实现水电气路等基础设施的升级，医疗卫生、教育、金融等基础资源和服务的配置和优化，住房条件改进，最终实现居住条件的升级和城镇化；二是在建设和提升社区软硬件的前提下，保持和发扬地方农业产业、农业生态环境、人文特色，推进乡村旅游业发展，使发展与生活形成良性的循环。

2. 特色小镇与田园综合体的关系

（1）二者的共同特点。

第一，二者的目的相同。都是我国为打破城乡发展和资源的不平衡、乡村居民与城镇居民收入差距，以实现乡村振兴、城乡统筹发展，最终实现乡镇建设与人口的属地城镇化，推进整个国家的城镇化发展。

第二，二者的实现途径相同。都是通过对所在地资源的分析，确定产业定位和产业结构，以产业升级和发展为构建核心，通过文化产业的结构性补充，以文旅为发展驱动力，加强自然环境的保护，以人为本，以实现社区生活品质化为目的。最终呈现出产业结构和居民收入的多元化渠道，即"产业＋文旅＋社区"的综合性结构。

第三，二者的培育和发展的需求，都要有良好的基础性市政配套设施、充足的土地资源、相关资金与政策支持。

（2）二者的不同之处。

第一，所处的位置不同。产业特点决定了田园综合体选址只能在乡村，城乡的界限明显。特色小镇的选址依据各类资源状况，选址空间较大，可以是城市边缘、农村、乡镇。

第二，产业区别。田园综合体主产业方向是基本定向的，即围绕农业，如农业种植、产品加工、农业教育和科普、农业观光、特色餐饮与民宿，其中农旅产业起到了消费驱动力的作用，即田园综合体的板块结构为"农业产业 + 乡村文化旅游 + 乡村社区"；以农业为核心的产业结构的聚集效应较难实现。特色小镇的产业选择较广，生产型产业、服务型产业、文旅产业均可以为主产业，旅游业在小镇中的作用在生产型产业小镇中相对较弱，主要是通过产业的聚集化、产业的升级来实现经济发展，特色小镇的板块结构为"X 产业 + 文旅 + 社区"。

第三，对人力资源的需求不同。二者都需要专业性人才，但因产业不同，特色小镇对高精尖新人才的需求更为紧迫，尤其是主题性产业的专业门槛较高，对人才引进的需求量较大。田园综合体主要对农业种植品类、加工产业的专业型、技术型人才需求量较大。

第四，建设与规模。特色小镇的生活居住、生产经营、公共配套、社区管理等方面，尤其特色小镇还有一定体量的房地产开发，所以各构成板块均需要大量的空间，需要的土地类型较多、综合建筑体量较大，建设投入成本也更大，尤其是社区的建设更趋于城市生活。田园综合体是围绕着农业的产业，作物种植需要大量资源的土地，产业配套建筑体量为 10% 左右，主要的建设以改造乡村民居为主，同时附以部分的公共配套、加工展示空间、旅游配套的商业设施等，即使有部分的房地产开发，但是受制于土地性质等因素，可用于房地产开发的住宅用地很少，整体投入自然要小于特色小镇的投入量，整体社区建设也以乡村特色民居的保持与升级为主。

综上，田园综合体与特色小镇二者提出的目的、创建模式、形式结构等基本一致，目前，市场化层面，田园综合体多被视为特色小镇的一种类型。但田园综合体这一特色小镇的竞争活力和发展潜力，在一定程度上受制于产业无法有效聚集化。同时，旅游业尤其是区域休闲度假的竞争状况，对其经济运行和地方居民收入影响较大，从长远看，发展活力略差，但田园农旅已普遍融入各个特色小镇，作为特色小镇的一个产业板块，而不是单独成为一个项目，这样与其他产业相互支撑，农村的发展才会越来越美好。

四、黄帝文化发源地（郑州南域）特色小镇概况

（一）河南省特色小镇的政策发展

（1）2013 年 12 月 25 日，河南省委通过《中共河南省委关于科学推进新型城镇化的指导意见》。该文件确立了发展的指导思想、基础原则、城镇化率的目标等，尤其是生态文明、产城互

动、文化传承方面的提出，虽然该文件未明确提出特色小镇的概念，但重点突出了发展中心镇的基本思路；2014 年 7 月 4 日《河南省新型城镇化规划（2014—2020 年)》。深入明确了城镇发展的各项目标和实现路径：

第一，量化了新型城镇的各类指标：城镇化率、基础设施、基础公共服务和资源环境四个方面。第二，明确新型城镇化的关键点：农村人口转移城市化、优化城镇布局形态、城乡一体化、创建城镇化发展体制机制等方面。第三，明确了城镇产业发展六大专项：高成长性产业发展、战略型新兴产业培育、传统支柱产业转型、产业聚集区提升、商务中心区和特色商业区建设。

（2）2015 年 8 月 7 日，河南省政府发布《河南省重点镇建设示范工程实施方案》，68 个建制镇首批上榜。

该文件的发布，标志着河南省新型城镇化发展与国家特色小镇战略正式接轨。河南省特色小镇必须具备：特色鲜明的产业形态、和谐宜居的美丽环境、彰显特色的传统文化、便捷完善的设施服务、充满活力的体制机制。

（3）2016 年 10 月，全国第 1 批特色小镇创建名单公布，河南省禹州市神垕镇、温县赵堡镇、西峡县太平镇、确山县竹沟镇共计 4 个镇上榜。

2017 年 8 月，全国第 2 批特色小镇创建名单公布，河南汝州市蟒川镇、镇平县石佛寺镇、孟津县朝阳镇、濮阳市华龙区岳村镇、商水县邓城镇、巩义市竹林镇、长垣县恼里镇、林州市石板岩镇、永城市芒山镇、灵宝市函谷关镇、邓州市穰东镇共计 11 个镇上榜。目前特色小镇建设正处于野蛮生长、快速扩张的过程，相关职能部门的监管定调，可谓及时而必要。但规范特色小镇的发展，还需落到实实在在的产业运营上，才能真正解决问题。

（二）郑州市特色小镇情况概要

（1）2017 年 2 月 20 日，郑州市出台了《郑州市人民政府关于开展特色小镇培育工作的意见》，明确了郑州市特色小镇的建设标准和创建程序，至 2020 年 15 个特色小镇的建设目标。

（2）2017 年 6 月 21 日，郑州市人民政府出台《郑州市特色小镇规划建设导则（试行）》，细化了郑州市特色小镇建设中的要点，并且对规划建设中的指导性技术依据进行了数据量化。

（3）2018 年 1 月 25 日，郑州市人民政府出台《郑州市旅游产业转型升级行动方案（2018—2020）》提出，要建设一批高品质的特色小镇。

（三）黄帝文化发源地（郑州南域）特色小镇概况

根据对黄帝遗址资料的梳理，我们发现黄帝活动以及黄帝文化产生的区域，主要集中在郑州市区以南、新密市区东南、新郑市区及市区以西、具茨山周边以北的地区，区域行政所属，以新密市的刘寨镇和曲梁镇、苟堂镇、大隗镇，新郑市市区、辛店镇、具茨山为主，区域整体临近郑州市，除了新郑市区，基本以乡镇和农村为主，该区域内聚集了黄帝文化遗迹近 100 处，但目前并无真正意义上的特色小镇。

第二节

特色小镇在中国的发展进势

改革开放 40 年，我国的社会生产力水平、生产效率随着科技的进步不断提高，社会经济的各个方面整体有序协调发展，从基础温饱问题的解决，到全面小康社会的达成，"人民日益增长的物质文化需要同落后的社会生产之间的矛盾"已转变。2017 年 10 月 18 日，习近平总书记在十九大报告中指出，"中国特色社会主义进入新时代，我国社会主要矛盾已经转化为人民日益增长的美好生活需要和不平衡不充分的发展之间的矛盾"。新时代的新矛盾，尤其是资金资源、城乡差距、就业和收入、保障体系等的不平衡不充分的发展，是现阶段国家和社会亟待解决的问题，从途径上讲，需要我们在城市化、城镇化过程中不断调整，解决这些根本问题。

通过借鉴国外典型性特色小镇的培育和发展，理清国内人口、经济等因素的实际变化，中国的特色小镇是在社会和经济发展的前提下，产业和劳动力转移流通、居民物质和精神追求之间共同作用的结果。中国的特色小镇的提出、推广、发展及市场化调整，是解决当下中国社会主要矛盾的路径之一。以下我们从社会发展和人民精神追求等方面分析我国特色小镇提出、发展的社会因素。

通过了解特色小镇发展的背景，我们才能更好地对特色小镇进行定位、规划、建设以及运营。

一、城镇化进程与特色小镇的发端

（一）城镇化为特色小镇孕育发展提供基础条件

城镇化与特色小镇的创建，都是中国社会、经济发展提出和必须去实现的道路，二者互为补充，城镇化建设为特色小镇发展提供社会基础，而特色小镇解决了城市发展的问题。

特色小镇是中国城镇化进程中的产物，是我国应对城镇化进程的一种有效发展手段。在党的十八大召开之前，良好的国际环境、充足的劳动力、科技的快速发展、外资的进入等，使整个中国经济发展进入快车道，中国一跃成为世界第二大经济体，此时城镇化进程，大力进行基础建设以满足人民群众城市基本生活需要，大量的农村人口通过高等教育、专业技能、购房落户等方式，由农村户口变为城镇居民，随着大量人口进城产生了大量的需求和消费，促使了资源由农业向第二、第三产业聚集，城市的数量和规模逐渐扩大。但是因为城市人口容量、资源有限，出现了开发区、产业园等郊区化，随着城市生活成本的增加、产业的郊区化，人口不断外溢及生活同步郊区化，至此我国进入郊区城市化阶段，这种人口外溢的趋势，预示着以特色小镇为发展升级模式的属地城镇化的开端。

2018 年末农村公路里程达 404 万公里，全国行政村通宽带比例达 98%，1978 ~ 2018 年城镇常住人口从 1.7 亿人增加到 8.3 亿人，城镇化率从 17.92% 上升到 59.58%；城市数量从 193 个增加到 672 个，建制镇数量从 2 176 个增加到 21 297 个，2012 ~ 2018 年户籍人口城镇化率由 35.33% 提高到 43.37%。①

国家城镇化发展，逐步为特色小镇的创建提供了基础的硬件条件，交通条件与信息交流的改善，特色小镇优美舒适的环境会吸引更多人才，产业转移和聚集、传统产业的升级成为可能；城镇化率的提高，意味着特色小镇发展所需基础的市场供给方与需求方、专业型和高端人才等基础因素已经具备，城镇化率的提高除了提供基础的人口资源，更是说明行政建制镇的镇域规模和面积扩大，市政等方面的基础配套逐步健全，小城镇的生活品质质量、便利性都有明显提高。

---

① 国家统计局. 经济结构不断升级 发展协调性显著增强——新中国成立 70 周年经济社会发展成就系列报告之二，2019（7）.

以 2017 年特色小镇全国推广推进为例，东部地区、中部地区、西部地区、东北地区四个区域的城镇化率分别为 67.0%、54.3%、51.6% 和 62.0%，[①] 各区域不仅城镇化率高，而且各地区的城镇化率差别不是很大，城镇化率的相对均衡性，也为特色小镇全国的全面推广提供了区域经济基础，如果说城镇化率的发展减少了国内各区域的不平衡，那么特色小镇的发展是未来减小城乡差距的重要方法之一。

（二）城镇化进程产生的问题需要特色小镇的承接

相对西方国家几百年的城市化进程，我国在 40 年内就完成了。但随之而来的问题也日益突出，虽然城市进行了大量的开发建设，但因各地城市规划水平不一以及缺乏城市功能的沉淀，集中出现了很多问题。党的十八大以来，城镇化进程过快带来的各种问题凸显，随着物质生活的丰富、国民素质的整体提高，居民对精神层面的追求不断提高，人民日益增长的美好生活需要和不平衡不充分的发展之间的矛盾，具体表现在城镇化进程过快，人口大量增加但居住环境不佳、城市配套设施不完备等问题。目前城市发展带来的不足主要表现在以下几个方面（见图 2.1）。

---

① 国家统计局. 区域发展战略成效显著 发展格局呈现新面貌——改革开放 40 年经济社会发展成就系列报告之十六，2018（9）.

图 2.1　城镇化进程的问题出现演变

资料来源：作者自行整理。

1. 城乡发展不平衡

因历史原因我国大量的资金、资源、人口进入城市，各种资源向城市倾斜，尤其是大城市、区域核心城市，城市的吸虹能力越来越强，进一步加大了城市负担，城市居民的社会资源的平均占比越来越低，生活成本和压力越来越大；相反，大量农民进城务工因政策原因无法实现落户定居，建设了城市但不能享受城市发展带来的福利，无法享有城市居民的待遇。

反观乡村，与城市的发展和资源投入形成了鲜明对比，农村农业的开发建设受损，农村的生存环境、生活质量、基础建设与服务配套设施等与城市的差距越来越大，最直接的表现就是居民收入逐年拉大，甚至很多村子的消失，诸如空心村、留守儿童等问题严重。

2. 交通承载能力弱、环境问题突出

交通动能体系不完善，公共交通达不到实际城市交通需求，机动车保有量持续增加，堵车、停车难，多地已出现购车限牌等资源不足的问题，同时产生了大量的汽车尾气。城市规模的扩大，致使绿地、森林的减少，温室效应逐年扩大。人口数量的增加、生产活动的频繁，大大增加了城市生活污水、企业生产用水，而河流、湖泊等天然水资源受到污染以及水量减少甚至干涸，降水中的污染源增多。大量的建设产生了的建筑类垃圾，电子产品的普及与更新迭代产生了电子产品垃圾等。

3. 食品安全问题日益受到更广泛关注

目前的食品安全状况堪忧，各类食品添加剂和防腐剂的滥用、未经检验的产品、未经市场检验的制作原料、高热量食品、化学药物与农药残留、假食品等，直接影响人的身体健康。

4. 社会保障供需矛盾凸显

进城人员的养老、医疗及其他相关保障政策相对不完善。医疗方面突出为因医疗机构数量有限、基层医疗水平不足、医疗资源分布不平衡造成的就医难，抗生素类药品的滥用等；养老方面，养老机构数量少，私人机构管理水平问题频出，养老资源分布不平衡，对失独、失能老人的政策保障仍不够，老年人娱乐休闲场所不足，老龄化情况越来越严重，总体公共资源未跟上社会的老龄化速度等。私营企业的失业保障金领取、住房公积金普及以及使用提取难等问题。

5. 教育资源配套亟须跟进

随着人口的快速增加，随进人口的子女上学问题是城市公共配套设施齐全的一项重要内容，但幼儿园、中小学数量的不足仍是一个突出问题。教育资源尤其是优质资源分布不平衡，校外教育支出成本大、外部学习机构良莠不齐，外来人员子女上学难等问题凸显。

6. 土地资源问题出现

城市面积逐步扩大，森林、农村耕地减少，尤其优质耕地资源减少。一些地方为了经济发展需要，在保证基本农田指标的前提下，把基本农田的位置调整到人口较少、耕作难度大等地形较复杂的山地区域，根本原因是土地资源有限。但各种生产、生活、服务活动对土地的需求越来越大，且矛盾越来越突出。

关于城市发展进程中出现的问题或矛盾，根本上是城市居民增多，人均社会资源占有率越来越低，生活成本、生存压力越来越大，同时人自身精神问题频出，诸如焦虑、抑郁甚至自杀等；农村存在农民与城镇居民的收入、待遇差距大，基础建设和公共配套设施不足，产业单一，人才流出等问题。而解决城市和乡村这些问题，就需要乡镇与城市同步发展，促进包括人口在内的各种资源流动，以达到资源的平衡。

特色小镇的创建恰恰可以很好地实现以上这些发展中的问题，高素质人口向农村流动，带动产业向农村发展。产业产生的经济效益提高农村居民收入，并带动农村生活生产的基础配套设施与服务，同时使农村的基础服务产业化、地方特色产业化，解决了城市人口集中出现的问题，也解决了农村发展缓慢、人口大量外溢的现象，最终实现社会经济平衡发展。

（三）特色小镇与城市化问题解决

中国城市发展进程速度与城市本身承载能力的矛盾，最直接的表现后果，就是人口由一线城市向二、三线城市转移，二、三线城市人口部分回流四线城市及县城，城市的公共资源不足、环境污染、生活成本高等因素长期未解决，势必会出现人口由城市向农村转移，同时伴随人口的转移，城市人口流入加速度降低，严重的甚至会出现负增长，为避免经济下行，自 2017 年开始，我国各大城市通过行政手段，出台就业、落户、购房、财政补贴等政策，以吸引人才的流入。

人口的流向是因城市发展而产生的问题。面对人口流失，相对于人才吸引的行政政策手段，以特色小镇为发展途径的新型城镇化，是从根本解决系列问题的重要方式。特色小镇创建的四大关键标准与环节，与城市发展中的问题相契合：产业为人口提供就业和收入、生态环境优美提供了良好的健康环境、文化特色满足人的精神追求、公共配套设施与服务解决生活中的医疗教育、行政服务等实际问题，构成了一个新的、升级的社会生态圈。在这个社会生态圈内，以社群文化运营为代表的生活方式，使居民的生活品质又优于城市。因此以特色小镇创建为代表的新型城镇化，是我国的一个发展趋势：

（1）特色小镇是以产业化为核心，着力于产业的构建，尤其是自有传统产业、新兴产业，历史传统产业已有一定的市场基础和认知优势，产业升级和市场拓展将会较好实现。而新兴产业自身市场潜力较大，有利于产业化及整个产业链的形成。特色小镇为产业向城区外围的溢出，提供了基地以及产业基础，为产业从业人员提供了就业和收入保障。

（2）产业良好的发展，提高了地方的经济效益，最直接的表现是增加地方财政与居民收入。地方政府可以提高小镇所在地方的市政配套设施和服务、完善公共服务资源、保护和美化地方生态环境，诸如交通条件的提升、医疗水平的提高、教育资源的完善、行政效率的提高等，以提高当地居民和产业外来从业人员的生活品质。收入增加的最直接成效就是丰富了居民的物质生活，享有更多的精神层面的追求，促进居民整体素质的提高。

（3）独特的优美环境、特色的文化品牌，可以吸引更多的城镇人口与产业从业人员，提高人口基数。为居民提供无污染的空气、水质、食物等，使居民在舒服放松的环境中进行生产生活，吸引更多的人口尤其是高端、新兴产业人才落户，提高地方的人口素质。

包括特色小镇在内，所有区域、城市、乡村的均衡发展，归根到底是要实现资源的流通，其中人力资源的流通是所有发展的基础。从生产环节讲，目前中国的高端、高级人才仍主要集中在大中型城市，很少会到小镇工作生活，但依据城市发展规律以及发达国家城市化实践经验，高端、新兴的产业并非要集中在大城市，高端、新兴产业发展所必需的人才，也并非全部喜欢大城市的居住环境和生活方式。这是经济水平和城镇化发展到一定程度之后的必然结果。我国的特色小镇新型城镇化，在中央及地方各级政府的战略指导、高效服务下，通过企业专业性、市场化的驱动发展，为特色小镇、乡村提供良好的交通条件、配套设施、公共服务、生态环境、健康与医疗保障、子女教育与父母养老等，我国的高级、高端人才和高端、新兴产业会呈现向乡村、小镇聚集的趋势。

中国的城镇化进程，为特色小镇的发展提供了机遇和条件，定位明确、特色鲜明的小镇才可能吸引特定的人群在此聚集，小镇才可以通过良好的社群文化运营，促进和推动生活方式的变革，从而带动整个小镇的发展。

二、经济发展与特色小镇的进势

（一）第二、第三产业经济发展贡献大

2018 年第一、第二、第三产业增加值比重分别为 7.2%、40.7%、52.2%，就业比重分别为 26.1%、27.6%、46.3%。[①]

---

① 国家统计局. 经济结构不断升级 发展协调性显著增强——新中国成立 70 周年经济社会发展成就系列报告之二，2019（7）.

创建特色小镇，已经具备产业发展的市场经济基础，尤其是第二产业的发展，为特色小镇的上下游产业链的整体完善提供了市场基础，而第三产业的发展，更是为特色小镇产业产品的消费提供了终端需求，从而从供给和需求两方面形成产业发展的良性循环。

（二）新兴服务业资产规模快速扩大

2019 年 1～10 月，战略性新兴服务业、高新技术服务业和科技服务业分别增长 12.0%、11.5% 和 11.4%，快于全部规模以上服务业 2.9%、2.4% 和 2.3%。[1]

2018 年末，信息传输软件和信息技术服务业、科研和技术服务业、租赁和商务服务业企业法人单位资产分别比 2013 年增长 95.5%、125.5% 和 105.4%。[2]

新兴服务业的各项数据持续上升，说明新兴服务产业的发展已经是社会发展的一种趋势，这是特色小镇发展的市场供给结构的完善和升级。

（三）民营企业的数量多和贡献大

2018 年末，我国民营企业超过 2 500 万户，对税收贡献超过

---

① 国家统计局. 11 月份国民经济运行稳中有进，2019（12）.

② 鲜祖德：五年来我国经济发展质量和韧性显著增强［N］. 经济日报，2019 - 12 - 11.

50%；民营企业创造的国内生产总值、固定资产投资以及对外直接投资超过 60%；民营企业中高新技术企业占比超过 70%；民营企业城镇就业超过 80%，对新增就业贡献率达到了 90%，成为支撑经济持续健康发展的重要力量。[①]

民营经济不仅对国民经济的贡献率、投资额、纳税额度高，对就业这一社会"稳定器"的贡献不可替代；同时，私营企业法人数量的大幅增加，表明了产业与消费市场潜力大、活力足，是我国市场化水平提高的一种表现，是市场投资者、参与者对经济发展的信心表现，尤其私营企业的增加，说明中国市场的开放性、前沿性，这是特色小镇发展的市场基础，没有开放的市场经济就没有特色小镇的市场化发展。

（四）产业投资的重点

2019 年 1～11 月，教育业及文化、体育和娱乐业投资业分别增长 17.5% 和 13.4%；生态保护和环境治理业、环境监测及治理服务投资业同比分别增长 36.3%、30.6%，快于全部投资 31.1 和 25.4 个百分点。[②]

居民精神文化方面的投资增长，人的精神需求逐步扩大，当

---

① 国家统计局. 经济结构不断升级 发展协调性显著增强——新中国成立 70 周年经济社会发展成就系列报告之二，2019（7）.

② 国家统计局. 11 月份国民经济运行稳中有进，2019（12）.

精神需求越来越成为人们日常生活的必需品，产业市场潜力巨大，它不仅表明居民物质生活的丰富，更为特色小镇的文化产业发展提供了市场基础。

生态环境保护类投资以超出其他产业的投资速度快速增长，环境保护是社会和经济可持续发展道路的主要的因素之一，优美洁净的环境为人们提供舒适的生产生活环境，投资的增加，说明国家和地方政府对环境保护力度的加大，一是国家投资的增长，二是企业生产的环境保护投入增长。

（五）文化产业的蓬勃发展

2005～2018 年文化产业增加值年均增长 18.9%，高于 GDP 同期增长 6.9 个百分点，2018 年全国艺术表演团体从业人员 41.6 万人、演出 312 万场次、全年演出收入 152.3 亿元，分别比 2012 年增长 72.0%、131.5% 和 137.4%，演艺市场规模呈现井喷式增长。2018 年全国电影票房收入 609.8 亿元，2013～2018 年年均增长 19.6%；电影院线拥有银幕总数为 60 079 块，2013～2018 年年均增长 28.9%，银幕总数跃居世界第一。2016～2017 年，文化信息传输服务业营收分别增长 30.3% 和 34.6%，文化创意和设计服务业营业收入均增长 8.6%。①

---

① 国家统计局. 文化事业繁荣兴盛 文化产业快速发展——新中国成立 70 周年经济社会发展成就系列报告之八，2019（7）.

文化需求的不断提高，为特色小镇的发展提供了庞大的消费市场，文化市场的供给也给小镇文化多元化提供了可能，文化是特色小镇的灵魂，也是小镇产业结构的一部分，文化的产业化发展以及文化的庞大市场需求，为小镇的文化产业化提供了重要的生产基础、市场基础及客户基础，只有小镇层面的文化有活力，才可以在生活和社群文化运营过程中进行文化的注入，没有小镇的文化就没有小镇社群文化的运营，没有健康、现代的生活方式。

就经济发展与经济结构而言，各新兴行业、事关居民生活行业的投资加大，尤其是社会领域投资的引导，整个市场化水平和活跃度很高；以科学研究和技术的创新和发展，带动和升级信息化产业为代表的高端和新兴产业，同时战略型新兴产业和先进制造业发展迅速，第二产业为源动力带动了第三产业的发展，完善产业链发展体系，形成具有强大竞争力的行业能力；各产业、行业的发展，培养和提高了人才规模和素质；同时加大环境保护力度，重视和发展精神文明，体现了以人为本的发展理念，整个市场和国民经济呈现出积极、良性的发展状态，以特色小镇新型城镇化发展，具备了经济和人才基础。

三、文化生态旅游潮与特色小镇提升

改革开放 40 年，随着社会主义市场经济发展和城镇化进程，各行业各领域呈现快速增长态势，城镇、农村居民的人均收入也随着经济发展而提高，物质生活条件日益丰富，截至 2018 年，我国城乡居民的恩格尔系数分别降至 27.7%、30.1%，每百户汽车拥有数量为 33 辆，五年增长近一倍①，用于外出旅游的消费支出逐年呈现上升趋势，至 2018 年我国的居民出游率为 17.8%②，与居民吃穿住行类似，旅游消费渐成消费刚需，成为近年来重要的消费方式之一，但多数旅游景区仍延续传统方式经营，未能跟上居民实际的需求变化，不仅无法向客户提供很好的服务，而且限制了景区自身的盈利与发展。如旅游景区的开发，仍是以当地所持有的旅游资源为出发点，所有的盈利方式围绕资源的旅游开发，通过资源的垄断性盈利，除了个别主题型旅游区，多数旅游景区除了交通、住宿、餐饮、购物，其他旅游性服务和设施不足；旅游服务本身多由旅行社提供，而旅游景区的强项并不在于游客游览、消费的全程服务，致使多数游客只是在观光，为了旅游而旅游；旅行社是景区客源的重要渠道，除了少数知名的旅游景区，多数往往受制于这种较为单一客源渠道，同时游客多为"一次游"，回头客很少；景区的营收，季节性特点很强，淡旺季差别明显，旅客旺季旅游出行体验较差。

旅游业现状所存在的问题无法很好地满足居民对心情放松、

---

① 杜希双：服务业稳定运行 新动能发展壮大. 中国经济网. 2019 - 1 - 22.
② 中国旅游研究院. 中国旅游消费大数据报告 2018, 2018（1）.

陶冶情操、家庭度假、休闲商务会晤等精神文化追求的快速增加。城市居住和生活环境不佳，居民日常生活节奏加快，工作压力和工作时间大大增加，对亲情、友情等方面的情感需求增加，以家庭为代表的短途游成为闲暇之余的必需品，这种短途游一般以周末、节假日为主，需要有便利的交通、品质较好的住宿餐饮及其他休闲度假配套设施，多数以短期的、便利的、集中式消费为主，即在有限时间内，节约到访者的时间成本；随着汽车保有量的快速增加，居民出行旅游的方式不再拘泥于旅行社，都市休闲客群的人数增长迅速，预计至 2020 年占比将达到 36.9%[①]，以短路途、短时间的家庭游等小团体旅游为代表的自驾游、短途游、周末游、近郊游、环城游等休闲度假成为常态形式，且市场空间随着居民收入持续的增加和精神文化生活的追求不断扩大。2018 年文化和旅游部从行业市场发展背景下提出 11 种旅游新业态：文化体验游、乡村民宿游、休闲度假游、生态和谐游、城市购物游、工业遗产游、研学知识游、红色教育游、康养体育游、邮轮游艇游、自驾车房车游[②]。从旅游模式讲，这些新业态的内容不再是以旅行社服务为主的模式，出发点变成了由旅客自行掌握时间、地点与消费内容的自助游；从旅游目的讲，新业态趋势

---

　　① 中国旅游研究院. 中国旅游消费大数据报告 2018，2018（1）.
　　② 文化和旅游部. 文化和旅游部关于提升假日及高峰期旅游供给品质的指导意见，2018（11）.

已经明显有别于传统的旅游观光,由游览观光向休闲度假、文化需求满足转移;从内容上讲,注入和丰富了更多文化旅游的内容,增加了主动体验型服务。以上这些新业态,代表了旅游业发展的一种新方向,更是居民旅游消费的需求表现,以自驾、短途为特点的文化生态旅游成为时尚。

这 11 种旅游新业态,大多可以从特色小镇的产业形态中找到相对应的产业板块,特色小镇的"文旅"功能恰与新旅游业态主题相吻合,这也是特色小镇的优势。每个特色小镇,特别是"服务型产业 + 文旅 + 社区"类型的特色小镇,都具有"泛旅游"的功能特性,优良的生态是小镇资源重要特征,文旅功能是小镇产业的重要组成部分,这些都是客源到访的吸引动力,也是小镇社区居民居住生活的源动力之一。从前期定位讲,特色小镇选址多在城区外的乡镇或农村,具有先天的自然条件,且在特色小镇的规划时,对生态环境的保护具有前瞻性,所以在开发自然景观方面,特色小镇首先保留了"特"色,而小镇的特色,往往区别于旅游景区的重复性;从文化厚度讲,不论地方传统文化还是产业传承,都是地方的文化传承,文化传承产业本来就是特色小镇尤其是文旅小镇的主产业之一,即以吸引力旅游消费为主,所以特色小镇文化性要强于普通的景区;从交通便利性方面讲,特色小镇的选址多在交通便利的地方,尤其是大中型城市周边 1~2 小时车程的地方,到访成本低且具有较强的便利性,为访客节约了休闲度假时间；从生活服务配套方面讲，特色小镇是以完善的市政配套设施和公共服务为主要发展目的，避免了旅游景区非旺季各种服务、配套设施不足的问题，使居民生活标准提升的公共配套设施与服务，要优于旅游景区；从特色小镇整体开发方面讲，小镇旅游服务除了以特色旅游、文化资源为主外，小镇多以人本身的需求为出发点，不仅提供各种休闲度假的服务项目和设备设施，而且更注重和满足人的心情放松、家庭情感交流、情操的陶冶甚至商务需求，以适应现代人的深层次需求，而非仅停留在游览的基础层面。满足现代人的内在需求，体现出小镇的市场契合性，目标人群体验到内在的舒适、满足，会产生再次消费的可能，客户来源的自然到访情况会逐渐加大，客户的来源渠道会更广，小镇旅游也会形成良好的运营，从而增加当地财政以及居民收入。

这些休闲度假游、文化需求游，不仅是小镇文化定位、发展的方向，而且也是社群文化运营的重要方向，二者既是小镇成功的基础条件，也是社群文化运营的内容。

第三节

文化、社区与特色小镇

特色小镇是产、城、人、文融合的新型城镇化方式，特色小镇不是只有居住生活功能或只有生产经营功能的单个项目，事实证明任何偏颇都会对小镇的长期发展带来很大影响，一直以来我们都认为特色小镇产业的"特"是立镇之本，把产业放在小镇最重要的位置，不可否认这对于发展至关重要，只是往往我们忽略了小镇"人"的重要性。经过数年的培育，我们发现，产业只是小镇的经济发展的手段，整个小镇的运营根本上还是要靠"人"，抓住了"人"，就有了消费群体、产业方向以及资金来源。总体来讲，"人"的重要性体现在两个方面，一方面是所有的产、城内容均围绕消费和生活的主体"人"来进行，另一方面文化是贯穿小镇各个板块的主线，社群文化运营就是贯穿小镇日常最好的抓手，社群文化运营要以"人"为本。这是历经数年各大小镇纷纷上马社群文化运营的初衷，如何进行社群文化的运营，就要明白文化和社区带给居民和特色小镇的作用。

一、文化与特色小镇

（一）人的精神文化世界，决定了人的文化需求

对精神文化的需求，是人的基本需求，是社会发展的需要。如果说对物质的追求是人的自然属性，那么人区别于动物的社会属性的最明显特征，就是人对精神文化的追求，这是人类社会持续不断发展与进步的根源。现代社会的物质文明已经达到一定的高度，人们日常所需的基本生存与生理需求满足后，人们逐渐对

个体的身体与心理等方面的关注越来越多，尤其是对个人价值、情感需求、价值观表达、对事物事件的情绪和意见等越来越多。

以涵养心性为例，社会进步、经济发展、城镇化率提高，居民的工作压力加大、生活成本支出增加、工作生活空间狭小、生态环境污染等问题，使部分人的心情处于压抑、紧张的状态，人们多通过外在优美的自然环境释放压力。与优美的自然环境相匹配的是优美的文化，它可以让人修身养性与陶冶情操，特色小镇具有的优美环境、社群文化运营下良好的生态人居关系，可以有效地为居民提供平和、自然、舒缓的生活方式。

以情感需求为例，人对情感的追求是人追求个体安全性、满足精神需求的重要板块，亲情、爱情、友情等均属于人的基础情感，情感的缺失可以使人产生各种精神问题，具体反映在一个人的身体状况、生活和工作状态，严重的甚至影响基本生存，尤其是现代人很多的时间被工作占据，早出晚归的作息成为常态，工作和生活的压力逐渐增大，与家庭、伴侣、友人的情感交流时间被大大挤压，而文化具有缓解和治疗人内在情感的作用，可以丰富人的精神世界，满足人的精神健康。社群文化运营，就是以团体活动的形式，为人与人之间的交流提供空间与时间的统一，使情感得以交流，从而达到内心的幸福。

以文化认知与素养提高需求为例，社会文明进步的重要标志不是GDP，而是社会精神文明的发展，对于个体而言，丰富个人的文化生活和内涵，是保持个人进步与社会发展同步的重要方式。文化知识可以提高个人的文化视野和专业素养，文化认知可以直接有效地提高个人的认知能力和判断力，文化修养可以提高个人的文化内涵和思想道德。社群文化运营的专业性内容，聚集了很多专业性人士，可以很好地满足个人对单项文化的认知以及个人素养的提高。

（二）特色小镇发展文化体系的构建

发挥文化传承的作用。地方传统文化是长期以来，人们生产方式、生活习俗、地方风情、思想品性、行为方式等共性特点的集合，这些共性经过时间积淀和传承，形成了一个地方持续存在的基础，也是地方特有的形象和标识，从而形成了特色小镇的文化"特"的基础；除了建筑、衣食住行、生活习惯等典型性文化特点，生产和商业方式也会通过日积月累的传承，逐渐融入当地居民的日常生活中，从而对居民的生产生活产生影响，融入地方特色之中，成为地方文化的重要组成部分。这些文化板块的组合，形成了一个小镇特有的气质，而小镇的长期发展，需要这种文化传承，小镇的发展不是房屋建筑，也不是一个企业，更不是某一批人，只有文化传承了，小镇才会长期发展。

发挥文化的品牌与传播作用。人对一个地方的认知不是客观枯燥的解析一个商品的生产过程，而是通过文字、事件等的传播，融合人的认识、情感从而形成的心理印象，通过对地方文化体系的梳理、呈现，市场和消费者才会形成对小镇的认知，这是特色小镇产业的市场形象，所以文化是特色小镇对外传播的基础，但以文化为核心的品牌形象代表了地方的标签和品牌。

小镇社会生活各个方面的发展都需要文化建设。传统的优良文化需要传承，先进的外来文化需要汲取和融合，文化通过影响居民的思想，而影响个体的道德与文化素质，如生态环境保护意识、民族凝聚力、精神归属感、法治意识、社会公德，这些内在认识与素质的提升，直接影响个体的行为，从而有利于整个社会、国家、地方的和谐和文明，所以一个小镇要有自己高品质的生态文明，需要文化的事体构建。

（三）"服务型产业＋文旅＋社区"特色小镇的文化构建

非生产型特色小镇的文化板块，是特色小镇"特"别之处的重要组成部分，如何把特色文化转变为受众所需的文化内容，经得起市场竞争与受众接受度的考验，这是文化体系构建的主要工作；同时小镇的特色文化并非单一元素，只有协同性的文化支撑，才可以有效地进行小镇特色文化的突出和传播，即形成以特色文化为中心、多元文化为协同的文化体系构成。

这就需要文化服务符合目标群体的需求。文化表现形式要注重个体的参与感与体验感、呈现出心理的舒适感以及心理共鸣，不再局限于视觉与听觉的感受，而是通过触觉感受，使人亲身体验参与乃至沉浸其中，达到由视听文化到文化内涵的思考，甚至人性的内在探讨，例如通过文化特色研究，对文化内容细化分解，丰富特色文化的内容，赋予特色文化更强的故事性和人格化，通过文艺表演等形式展现，与受众产生共鸣，使文化不再只是文字、书籍或一栋建筑；要满足越来越注重的个性化需求，研究、挖掘和满足以个人兴趣爱好为出发点的文化需求，这也是社群文化运营的出发点之一；传递小镇产业的生活化，产业不是一次消费，产业也不是一次旅行的满足，而是健康、美好的生活方式，特色小镇的每一个经营者、服务者、常驻居民都是小镇文化理念的传递者，只有把文化理念融入每一个人日常生活的点滴中，一举一动都展示出鲜明积极的文化特点，才能有效地打动目标受众，使之最快融入小镇文化氛围中去，使之耳濡目染，通过文化的包装和践行，传递特色小镇的生活概念。

二、社区与特色小镇

如果没有小镇"社区"的规划布局，就无法形成人口的流动和常驻，没有新的人口，无法从立体层面带动整个区域的生产生活圈的形成，特色小镇不是一个产业园、一个旅游景点，特色小镇与产业园、旅游景点的最主要区别，是通过人口流动带来生活方式、区域经济结构的变化。

文化来源于地方居民日常的所有行为习惯，不是某一个点或事，而是一个多元素多维度的融合，文化的形成是积累的结果，是居民长期生活、劳作、思想等方面形成的行为共性、理念共性、社会氛围共性，具有典型的区域或群体性特点，我们常说的一个地方的文化底蕴深厚，一定是该地方从人的行为、环境、生活生产的各个方面均体现出文化特性，单独的某一点是无法达到文化积淀的。基于文化形成的特点，可知文化的传承不只是通过文献记载，还是社会生活各个方面的延续和交融，并在传承过程中，自我调整、纳新甚至消亡。所以只有产业，还无法形成特色小镇新型城镇化，只有生活化才是特色小镇成型的基础条件。

社群文化运营需要以生活化为载体。特色小镇社群文化运营需要的基础条件较多，如社群的运营需要有交流空间或场所、氛围构成，以及因社群类型的不同必需的基础性建设、配套设施、服务等，社群的运营涉及生活的方方面面。小镇开发运营和服务的各个岗位的工作人员以及二级房地产开发的购房者，加上外来消费者，共同构成特色小镇的人口，社群的商业化运作目的和方法，就是通过生活化呈现，尤其是产业化美好优质生活的体现，提高常驻居民的认可度、信任度并刺激其再消费。同时这种直接有效的呈现和体验，品牌力打造效率较高，标识性更明显，对外在客户的圈粘效果更强。所以社群的运营需要生活化的表现方式以达到社区文化建设与商业目的的有机结合。

三、小镇配套与居民生活

特色小镇的人口数量有限、人口结构相对简单，居民的作息习惯较一致，虽然生活配套设施的总体数量无法与城市相媲美，但基础性生活配套设施还是必须项目。如果把小镇产业运营的配套设施和服务与小镇居民的需求同时结合，一是可以满足常驻居民的生活和消费需求；二是可以增加居民对商业运营的贡献；三是节约生活配套成本和空间；四是为社群文化运营提供活动空间等。

总体来讲，小镇的人均资源占有率较高，实现生活品质高于城市还是较容易的，最基础要做到生活必需的商业配套功能和产业服务结合。一方面，有生活就有消费，基础生活的商业场所，超市便利店、餐饮、社区、文化中心、艺术馆、运动场所等，这些地方可以进行商业化经营，向居民和外来消费者提供服务获取盈利，小镇运营方可以根据生活必要性和商业的盈利特点，在有限的商业空间内，对商业业态进行优选和组合。另一方面，作为产业服务提供项目，如酒店民宿、特色餐饮、购物商街、康养体验等产业链体系供应，不仅要服务于小镇流量型消费群体，而且要服务常驻居民，常驻居民的消费频次要高于流量型市场客户，可以与外部客户共同形成消费生态圈。

第三章

社群文化运营理念在特色小镇建设中的适用

众所周知，特色小镇的创建在于"特"，一是产业"特"，二是文化"特"。但是不管哪一种"特"，都是建立在一定资源基础之上的，而这些资源基础和"特"点的创造者都是当地居民，最终的落脚点是"人"；特色小镇的创建，并不是停留在前期定位的过程中，而是以长期运营为检验标准，这就离不开社群的运营。截至目前，许多理论层面的研究，并没有对社群的巨大作用产生深切的感知，但社群的作用确是直接影响了小镇的运营，尤其是"服务型产业＋文旅＋社区"的特色小镇模式成型，"社群"已然成为近两年来最为火热的词语，若言特色小镇必不可少的要谈社群文化的运营，好似社群已经成为社区的代名词，已经提倡的社区文化被社群取代，究竟"社群"比"社区文化"强在何处？

一些开发特色小镇的企业，在规划阶段已把社群的运营需求提上了与产品和产业规划同样重要的地位，一些已经投入运营的小镇也重新梳理了业主和资源状况，开展社群文化的运营；国内和地方的各大知名房地产企业，把特色小镇作为发展的一个重要方向，向成熟的社群文化运营者学习、取经，进行社群文化运营的试水，一时间各类开发项目的各种会员"会""部落"等充斥着各个特色小镇、房地产的近远郊项目。到底是什么原因使这些拥有强大开发能力和资金实力的开发企业，去重视和运营社群呢？社群文化运营就是特色小镇内部资源流通、贯穿小镇各板块的抓手，是特色小镇实践运营的首要环节。

从来源讲，社群文化运营起源于社区文化，分析社群文化运营，需要先对社区文化进行了解，才能明白社群的内涵、来源和背景。而后通过对社群的定义、形成过程，以及社群文化运营在特色小镇中的实际作用、内部结构等方面进行解析。

第一节

社群文化运营概述

从特色小镇的角度讲，多数居民的居住习惯以周末节假日的休闲度假、生活享受为目的，传统的社区文化建设无法直接有效地进行，无法通过文化建设形成较强的社区凝聚力，面对居住时间与文化建设的矛盾，需要服务企业、开发企业有针对性地分析客户生活的各类习惯、内在需求，通过一系列的举措，进行社区文化建设，使居民产生归属感、尊崇感、满足感等精神与物质层面的获得和富足，从而使居民对小镇、项目、企业的信任度增加，影响其个人的消费认知和周边亲友，进而产生再次和多次的消费，达到小镇、企业的商业经营目的。这时，社群文化运营成为社区文化的进阶，取代传统的文化建设，进而形成有效的小镇文化运营方式。

一、社群文化运营与特色小镇的关系

（一）社群文化运营源起特色小镇的发展需要

（1）特色小镇的源起决定了特色小镇必须进行社群文化建设。我国现阶段社会的主要矛盾已经转化为人民日益增长的美好生活需要和不平衡不充分的发展之间的矛盾。该矛盾内容包含两个方面：一方面是人民群众的精神文化需求越来越大，而且这种需求的潜在市场逐渐扩大，这是中国特色社会主义市场经济发展的结果，是人自身对精神文化追求、素养提高的基本诉求，而且这种诉求，已经形成了庞大的市场需求端，亟待供给方市场的升级；另一方面是与精神文化需求相对应的市场供给量、供给水平不高。

旅游和文化产业等第三服务产业，通过市场向受众群体直接提供各种文化产品、服务，从需求角度层次的递进，具体分为四级。一是实物类产品，如音像制品、书籍、艺术收藏品等；二是感官体验类文化产品，如电影、现场演艺、旅游观光、展览、康养理疗等；三是心理体验类产品，如心理健康、进阶教育、亲子互动等；四是个人价值实现类产品，如公益捐助、义工服务、个人兴趣爱好的商品化转换等。目前供给方市场多数是从供给角度以及大市场范围出发，缺乏服务性较强的主动性、个性化文化供给，随着人们视野的开拓、经历的丰富，越来越注重实际的体验类消费、满足内心需求的精神消费以及符合个人价值观的消费。我国目前的文化市场结构，一方面还需细化受众的需求，进一步提供更契合的深度的供给；另一方面是文化产业的行业类型与行业细分更丰富化，提供的产品形式更多样化。特色小镇的社群文化运营虽然不是某一独立的文化产业，但它通过各类文化社团的成立和运行，直接切入居民文化个性化需求，达到满足居民精神文化需求。

特色小镇的另外一个重要作用是打破城乡区域发展的"不平衡"，解决此种不平衡最根本途径，首先要实现的是人口和消费的流动，城市居民庞大的文化市场需求由乡村地域供给，乡村产生一定的经济收入,以带动整体性资源向乡村流动,使城乡均衡发展,社群文化建设就是吸引城市居民成为小镇居民,享受社群文化生活、促进城乡均衡发展的一种手段。

现阶段居民生活的需求方向要求特色小镇把文化融入生活,实现这种生活并在实现过程中产生经济效益,这就需要通过社群文化运营方式而实现。

(2)特色小镇多数位于城市近远郊外、小城镇、乡村等距离城市中心较远的地方,消费者或购房者,需要驾车经过一定的时间和距离方可到达。这种位置在一定程度上会使一部分人无法到访,限制了小镇的整体人流量,人流量不足说明消费氛围和消费需求不够,没有消费的小镇是无法实现发展的,对特色小镇来讲,如果无法通过满足购房居民的日常需求,形成小镇社区居民的居住习惯,就无法实现流量客户的到访。故实现居民的常态居住,对小镇的整体发展至关重要,社群文化的建设和运营势在必行。

(3)特色小镇的发展为社群文化建设运营提供了基础条件。特色小镇具有一定的文旅功能,为客户提供休闲度假的基础硬件和服务,一是具有基础优美的自然环境或文化感较强的人文环境;二是具有特色的餐饮、活动、运动等体验型、参与型服务或项目。

(4)特色小镇购房客户特点和目的,需要社群文化运营满足其潜在需求。特色小镇的购房客户资金状况较好，具有固定的收入来源，可支配收入较高，已在城区有满足家庭日常居住房和其他功能性住房，具有满足家庭需求或商务需求的汽车配置；社会关系层次较高，多数具有一定的社交圈层，具有被认可、受尊崇的价值认可需求；具有一定的文化层次和丰富的阅历，在物质基础条件丰富的前提下，有对文化、情感、心理、科普等精神世界的需求，且对新事物、新思想的接受度较快。

从购房的目的看，该类客户完全不同于旅游景区单次消费行为，而是以家庭的休闲度假、重复性需求为主，单纯的观光等感官体验无法达到他们的内在需求；从购房目的排序看，情感交流与满足 > 陶冶情操 > 文化感受 > 消费与体验；从外在因素的需求看，自然环境 > 人文需求 > 购物消费 > 其他消费；从居民居住习惯看，不同于市区的人群聚集，特色小镇常住居民较少，居民主要有三种，第一种是有时有闲以享受自然生活为主，多数为有一定资金实力、年岁较大的居民，不需要为上班、子女和家庭操劳；第二种是自由职业者，追求品质的生活，但从事职业不受地点限制的居民；第三种是多数居民，以周末、节假日休闲度假为目的，周一至周五的时间在市区上班、照顾家人等，只有在周末、节假日才有一定的时间享受放松生活。

以上这些特点，都需要社群文化的建设，发掘并刺激客户的潜在需求，来实现小镇的生活方式构建和产业发展。

（二）社群文化的建设和运营就是确立居民在小镇中的核心与主导地位

社群文化运营不仅是居民需求与小镇供给的关系，而且是小镇企业经济利益实现的需求与居民价值地提供。一方面小镇通过社群文化运营满足居民的休闲度假、精神文化需求，另一方面居民为小镇企业的圈粘产生潜在经济价值。小镇因为距离市区较远、配套设施也非刚需特性，所以小镇的客户群体较少，尤其小镇的发展建设前期，无法有效地通过正常的广告宣传实现现金流量、产业运营与生活氛围的形成。小镇居民多数是以文旅类的休闲度假为目的，所以客户的层次较高、消费力强，与小镇的客户定位相符，但是群体人数较少。特别是在小镇创建的早期起步阶段，如何通过有效手段直接圈粘和扩大这些契合的消费群体，对小镇来说至关重要。这就需要小镇服务好居民，利用居民的影响力，通过圈层实现目标群体的商业转化；居民主要以休闲度假为基本目的，小镇优美的自然环境和商业配套设施提供了休闲度假的基础条件，但这些还不够，社群的运营从社区人文环境的构建方面，不仅为休闲度假提供基础，而且为居民提供符合个人的内在需求，从而实现居民的认可度。即小镇的发展需要社群文化运营的原动力，需要居民的消费和圈层带动，实现小镇初期拓荒和长期发展。

（1）良好的社群，使居民对小镇、企业的信任度提高，可以形成良好社区文化氛围，人们生活品质和舒适度提高。

（2）居民的社群参与度越来越高，由居民主导的社区文化建设内容会越来越多，一方面满足居民的精神文化的参与度，另一方面又可以节约小镇与企业的成本支出。

（3）社群文化运营的契合圈粘，使居民休闲度假的频次提高，带动小镇产业的消费。

（4）因小镇位置与生活配套设施的完备性无法与城市相提并论，所以小镇的产业消费与房产购买者的定位不是普通工薪阶层，传统的广告宣传效果较差，多数以圈层渠道的方式进行推广，即通过已消费和成交的居民作为宣传推广的渠道。小镇的社区居民及身边的亲朋好友的社会资源较好，是小镇发展的良好渠道。目前发展较好的小镇的房产成交客户的来源，90％均来自成交居民的介绍和带动。

（5）小镇居民的社会层次较高，除了圈层购房和消费，部分还具有潜在的外部资源，通过资源共享，可以实现小镇与居民的同创。

图3.1是小镇社区居民在小镇生活和发展过程的重要核心作用，小镇的发展也以居民为核心，围绕居民，形成了一个商业运行的闭环。

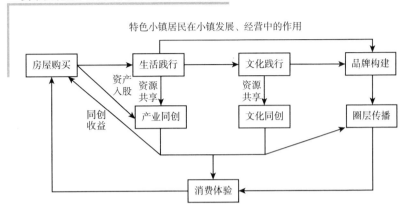

图3.1 特色小镇居民在小镇发展、经营中的作用

资料来源：作者自行整理。

　　居民的第一身份是购房者，物业持有者的身份使居民得以进一步的消费和生活；物业的购买就是生活方式的购买，居民也是日常小镇生活的实践者与配套服务的消费者；对生活的认可激发了社群文化运营的参与度，是社区文化的践行者与构建者；生活方式与文化构建最终形成了小镇的品牌体系，居民同样是小镇品牌内涵的构建者；居民通过生活体验、文化体验，将亲身的感受和经历向周边的亲朋好友传递，是小镇的形象与品牌的传播者；居民的亲朋好友通过消费和体验，结合居民的真实感受，产生购房行为、消费行为，居民也是房产、商业销售的推销者；通过生活和文化的践行、小镇同创平台的搭建，居民可以以所购买的房产或个人资源，进行产业同创、文化同创，所以居民也是小镇产业和文化的构建者、消费者、受益者。因此以居民为核心的商业模式，是小镇得以正常运行的有效手段，社群文化运营就是这个闭环的贯穿主线。

由以上内容可知，社群文化运营的最终目的是要实现特色小镇创建的商业目的，其内涵分为两部分。第一部分为文化社团与日常服务的提供，通过小镇生活方式和文化氛围的营造，圈粘和扩大目标客户群体；第二部分为采用会员制模式，向居民和客户提供小镇产业和配套的产品和服务，圈粘和扩大圈层客源、实践和发展产业、实现资金回笼和经济效益；二者互相促进、互为基础。

（三）社群文化运营是特色小镇各板块之间融合运行的主线

特色小镇是产城融合的新型城镇化模式，具体来讲是产业、文化、人口、社区统一的社会生态圈，四个构成板块之间相互作用、相互依存，在相互交融过程中，共同构成了特色小镇。产业是文化构成的主题之一，是小镇特色文化的内涵来源，而文化是产业的构成部分和品牌符号；居民是文化的参与者、塑造者、推广者，而文化又为居民带来心理的幸福感、满足感；社区是文化的载体，是文化气氛的发生空间，而文化是社区品质的提升者，代表着社区的生活方式；产业为居民提供基础生活配套设施与服务，为居民生活提供便利性，而居民是产业的体验和消费者，体验结果和消费动向为产业经营提供方向引导；居民是社区构成的基本元素，是社区人文环境的缔造者，而社区为居民提供各种活动的空间、环境；产业与社区互为补充、互为基础。

小镇各个板块之间，两两作用、互为融合，这是小镇可以良性运营发展的根本动力，如果没有各个板块之间的相互交融，小镇的创建结果只能是失败，因此对于小镇创建企业来讲，如何促进各个板块之间的互动链接，是小镇得以长期发展的根本所在。各个板块之间的交融是需要引导和推进的，两两之间无法直接产生作用，例如，居民不会主动塑造文化，不会主动地提升社区人文气氛，文化不会自我作用向居民提供服务和体验，这就需要小镇创建企业，以居民为核心，以文化为主线，结合小镇产业，形成社区良好的生活、文化气氛，并在此过程中与居民同创同发展，持续圈粘更多的客源，从而推动小镇的长期发展，这种运行方式即是社群文化运营，社群文化运营成为各个板块之间的有机推手、发力环节。

二、社群文化来源于社区文化

总的来讲，社群文化来源于社区文化。一个社区需要有自己的社区文化氛围，对于特色小镇来讲，社群文化运营以自己特有的方式代替传统社区文化的建设，社群文化运营不仅有自己的特色，而且包含社区文化建设的基本内容，二者的文化功能具有一致性，通过了解传统社区文化的不足，为社群文化提供创立与运营经验。

（一）社区文化概述

1. 社区文化概念

社区文化统属文化概念，是一种群体组织文化，是指一个社区、小区、特色小镇等人口聚集居住区，所居住（常驻、流动）的人口结构（年龄结构、受教育程度、收入状况、社会关系、兴趣爱好、职业特征、价值观、社会公德等），在一定的社区配套（生活商业配套、公共服务、环境等）和生活习惯（作息、运动、购物习惯等）中相互作用、融合，逐渐形成了符合社区特点的人文氛围和特征，同时这种文化特质又影响了居民，通过日常生活从每一个人身上向外界传递价值观、生活方式等。其中，社群文化具有社区文化功能。

2. 社区文化的社会性特点

从社会学角度看，我国城市的社会组成层级为：个体—家庭—小区/社区—街道办—行政区—城市。社区是公共组织的最基层单元，是我国城镇居民人口聚集的基本单位，更是我国个人与社会集体的中间纽带，我国的社会组织，最终是一个个社区集结而成，社区是社会构成的基础元素，所以社区的文化建设首先要符合国家的文化发展规划与要求，社会性特点也是社区的最基本特点之一。同样，社群文化在运营时要以社会性、生活性特点面向受众，杜绝以经济利益为先。

3. 正向社区文化的激励引导作用为社会发展提供持续有效的精神动力

（1）社区文化是社会文化的基础组成部分，社区文化的好坏，不仅直接影响居民居住的人文环境，而且社区文化通过日常生活的点滴对居民进行引导和影响，好的社区文化向社区大众传递正确的价值观、世界观和人生观，进而一个个社区和个体的正能量，汇集构成了我们社会的巨大正能量。所以，好的社区文化是我们社会的基石，社区文化的建设是社会稳定、发展的基础性工作。

（2）长期生活习惯的形成，使居民对社区产生归属感等情感依赖，随着时间的推进，这种依赖感会使居民产生很强的主人翁精神，每个居民都会以积极、良好的思想和行为维护社区的良性发展，从而推动社区生活的居住品质。通过社区文化对个体行为的影响，间接影响着社区团体组织的结构与运作方式。

4. 不同类型社区的文化差异性

社区文化的一个典型性共识特点是地域性，如果从社区类别的地域差异出发，还可以从乡村社区、城市社区和特色小镇进行分析。

（1）乡村社区。乡村有乡村的文化特色。乡村社区的文化整体偏向保守和固化，居民的生活习惯、信仰以及思想道德等主要以农业这一传统产业为基础，数千年的变化不大，所以思想文化的发展较为平衡，且不易改变，也就没有统一标准的制式文件规定，多以传统的、约定俗成的形式进行规范。

（2）城市社区。城市有城市的文化气质。城镇的社区居民来源具有多样性，工作类型也是多样的，社区的整体结构较复杂，居民的思想观念也多样化，但是居民较易接受新鲜的事物和思想文化，所以，在没有统一的文化特质的前提下，多数是以社区行为规范、业主手册等方式进行要求或规范。

（3）特色小镇的社区文化。与前两者均不相同，特色小镇并不是已有居住区的更新或改建，只需要对原有社区文化传承、挖掘、更新即可。特色小镇虽然位处乡村或小城镇，但是属于重新规划建设，生产经营、生活、文化产业等方面的内容较多，并不具有乡村的传统的、统一的文化特质。特色小镇的居民结构较单一，虽然来源较广，但思想文化等方面的共性基础较强，主要来源于两个部分：

第一部分是特色小镇的开发、运营企业员工，多数是以产业为核心、以较统一的企业理念为影响，所以具有统一生活习惯、行为规范、思想认知等，更多地表现在企业理念对企业员工的规范，从而把这种规范通过员工的服务性向其他客户群体进行传递。

第二部分是特色小镇的二级开发的房屋购买客户群体，也是小镇居住数量较大的群体，该部分客户共性特点较明显。一是小镇的房屋产品与客户定位较清晰，特色小镇的房屋基本以休闲度假功能为主，目标客户以多次置业、对精神文化和自然生态环境有追求、对特色小镇提供的产业服务和生活方式认可的人群，所以该人群已经具有了共性的内在特点；二是购房客户多以城市地缘客户为主，具有在一定区域内、相同环境中生活的经历；三是居住频次，日常人口数量较少、居住频次较低，多数以节假日、周末短期居住为主，甚至部分具有季节性度假旅居的特点，多数的居住作息雷同，且居住目的基本就是度假、消费以及部分商务需求。因为这些居民多数只能在其日常居住之地生活，会出现人口居住与小镇社区的空间与时间的不统一，但该部分居民的居住特点，又是特色小镇社区文化的重要方面，如何进行小镇的社区文化建设呢？约定俗成基本不可行，一纸公约的形式也只是锦上添花，无法固定地、非常明确地进行居民的行为规范。这就需要特色小镇的开发与运营企业发挥主观能动性，找到居民的需求点、文化特性，结合居住习惯、居民特征、小镇产业、小镇特点和企业特点进行社区文化的建设，这也是社群文化运营的来源和初衷，该部分居民通过社区文化运营，结合企业的商业需求，从而形成社群的运营主体。

（二）社区文化建设的主要内容

1. 社区环境文化建设

社区环境文化体现为社区生活环境的建设。首先是社区内的容貌、卫生、设备设施等的维护，除了由物业管理公司进行日常维护，社区内的每一个人要有环境保护、设备设施爱护的基础意识，良好洁净的生活环境不仅向居民传递了美好的视觉感，而且给人以积极、有序、向上的价值传递。首先从最基本的不乱写乱画、不随地吐痰、不乱扔垃圾及垃圾分类、文明饲养宠物等，到主动去制止不文明的现象、维系和整改被破坏的环境；其次是进行社区的形象统一规范宣传，对社区可展示位置、社区形象、行为规范、思想建设、文娱活动进行包装宣传，使居民处处感受到社区美好生活的气息。

2. 社区行为文化建设

这是社区文化建设主动性表现的主要方式，也是未来社群文化运营普遍采用的基本方式。即通过举办各类文化活动、集体活动，通过居民的聚集，向社区居民提供交流平台，增强社区认同感和凝聚力，同时通过活动传递正向价值观和正能量。基本活动的出发点分为两大类：一类是社区针对居民日常需求的精准型小型活动，另一类是社区层面的精神文化活动，以节假日为节点的各类活动。

3. 社区制度文化建设

社区文化建设是需要一定的规范和机制的，随机的、无序的展开，不仅无法达到社区文化建设的目的，还会浪费大量的人力、物力和财力，甚至会影响居民的正常生活。社区制度文化建

设包含以下三个主要方面：第一方面是社区文化建设的主导部门
与人员构成。许多大型社区已专门成立社区文化建设小组（部、
中心等），并模拟企业的模式运行；第二方面是对社区文化建设
的计划性、制度性进行规范，如年度、季度及月度计划，表现采
用什么方式，主题内容是什么等，同时要注意文化建设尤其是活
动文化建设，要与居民的日常习惯相结合，否则会使活动流于形
式，甚至影响居民的正常作息与生活；第三方面是要以业主公
约、居民手册等直接有效的文字性规范，要求居民进行遵守，明
确社区的文化内涵，增强居民的主人翁意识与责任，明确不文明
的语言、行为、思想、价值观等，并通过一系列的活动、奖惩等
方式，进行宣传，以实现社区的美好面貌。

综上所述，社区文化建设，主要通过制度与机制的建立，以
环境文化和行为文化积极良好的建设形式，最终汇集成居民、社
区的精神文化生活，这些建设内容同样是特色小镇社群文化建设
需要做的基础工作，而兼具社区文化功能只是社群文化的基础
功能。

（三）社区文化建设的现实境遇

1. 社区文化建设资金来源的有限性无法支撑更加深化的社
区文化建设

社区文化建设的资金来源，一是国家和地方政府文化建设资

金，但资金的分散性无法集中在一个社区，这只是资金的一小部分来源，且更多地用于国家主题性文化宣传；二是开发企业的专项资金支持，这是社区文化建设资金的主要来源，社区建成初期的投入相对较大，但对许多社区来讲，完全投入使用后，开发企业多数不再进一步的大量投入；三是运营服务公司、物业管理公司的经营者（企业）、业主的物业（商业）管理服务费；四是社区或小镇的运营企业、物业管理服务，在运营过程中产生的广告费、租赁收入、停车管理等归社区居民所有的公共管理收入。社区文化建设的资金来源有限，资金额度也有限，制约了社区文化建设。

因此，在社群文化运营方面，需要企业提前规划社群文化运营的资金来源以及资金使用等，避免因资金问题造成社群文化运营的不畅。

2. 社区文化建设主体单位的创建意识和能力会制约社区文化建设与培育

社区文化建设的主体单位一般为社区居委会、开发企业、业主委员会。社区居委会多数只提供社区公共服务，在社区文化建设中，也只负责主管上级要求的文化建设内容，基本以单项活动、地方强制性法规宣传、主题思想宣传为主，功能定位、人员架构、行政权限、资金及其他资源的不足，使社区居委会无法有效地组织和执行社区文化的建设。

开发企业多数重视小镇或社区投入使用的初期阶段，以保证物业管理公司的介入、文化体系的搭建和居民入住的平稳性，但随着居住率的提高、物业管理服务公司的正常运行，开发企业的商业需求已得到满足，那么开发主体企业会逐渐减少投入，甚至不再有投入的意愿。业主委员会是社区业主大会选举出来的代表，对全体业主负责，代表全体业主执行社区内的公共事宜，全体业主的每一个个体都是社区的主人，社区就是他们的生活场，他们是最愿意开展社区文化建设的，好的社区氛围与社区文化建设，一方面可以提升居住品质，另一方面还可以实现居民所持房屋的价值，实现生活和资产保值增值的双重作用。但是居民本身的分散性，决定了业主委员会的所有决议，无法形成完全一致的、满足所有居民的行为，同时，业主委员会主要是通过物业公司来进行社区文化建设，资金来源也是物业管理服务费的盈余部分。

3. 社区文化建设的执行单位执行力制约社区文化建设

物业管理服务公司，作为社区日常物业服务主体，担负社区文化建设的责任，不仅是物业与生活的服务者，还是社区文化建设的主要执行者。但是作为市场化运行的企业，是以服务为产业形式、盈利为目的，并非行政或者公益机构，社区文化建设并非其专长，其企业的管理体系、人员结构并不具备社区或社群文化营利的能力。

（1）物业管理服务公司的整体盈利模式较单一，没有更多的盈余资金用于社区建设。物业管理服务公司是以人力支出为主要成本的服务型企业，通过提供各项生活服务向居民收取物业管理服务费的方式进行盈利，但是我国各地的物业管理服务费用标准普遍不高，当开发企业取消投入后，许多物业服务企业的基本运行都存在问题，企业的利润很低，无法与以高周转为特点的房地产行业以及其他第三产业同日而语。另外，物业管理服务公司可以通过广告经营、租赁公共场所、停车场管理等增加收入，但是该部分收入还要进行计划性分配：要补贴物业公司的经营支出和合理利润，以保证公司正常的运转；物业公司要对社区内公共区域、公共设备设施等进行维护维修以及更换，尤其是已过质保期的部分，资金的支出情况较多、支出量较大。为了维护房屋购买者的权益，我国的维修基金提取难度相对较烦琐，多数情况下，公共设备的维修不可能等待手续的审批，物业公司还需要资金对该部分进行维修，垫付一定的资金。

物业管理服务公司只是服务单位，社区文化建设只是其工作执行的一项内容，并非必须工作项，其只是社区文化的执行者，并非社区文化的主体方的直接受益方；在支出与收入不平衡的情况下，产生的收入盈余较少，该部分费用归全体业主所有，需要上缴业主委员会，由业主委员会统一支配，所以社区文化建设单靠物业管理服务公司无法有效的长期推进，只能阶段性、节点性呈现。

（2）物业管理服务公司或因人力配置不够，或因理念和工作水平受限，无法进行较高品质的社区文化建设。物业管理服务公司的人力成本支出，是物业服务公司的主要支出项，多数地区逐年增长的基本工资标准要高于物业管理费的增长速度，一方面是支出逐年增长但收入并不看涨，另一方面是无法设置更多的部门、人员、资金，专项进行社区文化建设，所以社区文化建设的内容、品质、表现形式等较为平淡，无法达到居民的日益提高的精神文化追求、审美和欣赏能力，处于相对尴尬的境地。

从物业公司举办的活动看，一是现场包装、文艺表现形式、环节设置、规模规格等水平不高；二是举办时间普遍在传统节日、法定节日，其他时间举办的频次则较少；三是举办的内容丰富性、表现形式较为单一，专业性不够，故艺术层次、美感、观赏性、新鲜度等无法长期吸引居民的主动参与，所以物业公司的文化活动，因为资金、人力的欠缺，多数无法形成体系化。我们若把物业管理服务公司举办的活动的品质，与开发企业强大的商业推广包装活动进行对比，那么两者各个层面的表现均形成了强烈对比。

（3）物业管理服务公司的从属性在一定程度上影响了社区文化建设。我国小镇和其他类开发项目的物业管理服务公司，多数与项目开发企业统属同一家集团企业，从属于开发企业的情况较为严重。

物业公司早期费用和对社区的文化建设投入，还是要依赖开发企业，所以一定时期或特殊节点时，社区活动等的文化表现形式，一定程度上反映了开发企业的商业活动和商业目的；当开发企业没有商业目的时，对物业服务的投入会大大减少，同时物业服务与开发企业同为一个集团公司，对物业服务的立场和出发点多少会有一定的影响，使其不能完全从居民的角度去思考、执行一系列服务与文化建设事宜。

4. 居民生活中烦琐的基础问题影响了社区文化建设

开发企业交付房屋给购房者，同期，物业服务公司开始进行日常服务和管理，但因房地产行业追求高周转的特点，所以房屋交付后，或多或少的存在一些质量问题、权属问题、维修问题等。居民日常生活中出现的问题和矛盾逐渐呈现，这些问题基本经由物业服务公司或直接处理，或上报相关责任单位。从企业角度来讲，这些问题较为烦琐且重要性不强，但从居民角度看却是真实地影响了日常生活，所以往往因为处理时间过长、处理不当、责任推脱等，影响了居民对社区的认可度，最基础的服务没有做好，再去做社区文化活动等，往往得不到居民的信任，从而影响社区文化的建设。

这就需要从建筑产品规划和设计、施工建设、监理、质量验收等方面，尤其是基础防水等隐蔽工程，做到保质保量，交付给购买者和物业服务公司一个高质量的品质社区，同时出台并严格执行基础服务机制，做到有事必应、按时完成的服务效率，为整个社区的文化建设做好基础工作。

（四）社群文化与社区文化的区别

1. 运营主体和执行主体完全不同

运营主体方面。社区文化建设的主体有开发企业、业主委员会以及社区居委会三方，其中开发企业因商业需求的原因、业主委员会以及社区居委会因被动性因素，造成三方均无法科学高效地推进社区文化建设；社群文化的运营主体是以小镇和项目的开发企业为主导，成立专业的社群文化运营管理团队，甚至运营服务公司，在集团企业内，多数与小镇的开发建设、营销等同级并列，在集团企业内的权限较高、话语权较大，同时具有较充足的资金以及较强的资金使用权。

执行主体方面。社区文化建设的执行主体以物业管理服务公司为主，物业公司的活动举办多数只是以丰富日常生活为主。开发企业多数只因商业需求才会主动进行社区文化建设，社区居委会多数因上级的要求和主题思想的宣传；社群文化运营的执行方不再是物业管理服务公司，而应由社群文化运营部门统一执行，该部门依据居民的需求，组建下属各类专业的服务团队，具有较强的专业性、高效的执行能力。

社群文化运营的执行主导方式主要分为两种，一种是社群文化运营部门直接为居民提供细致化、专属性服务，另一种是由居民组织主导为主、运营部门提供一定的服务为辅的形式。

2. 最终要实现的目的和服务对象不同

社区文化建设是为了丰富居民文化生活、增加居民情感归属感和主人翁意识，建设美好、和谐的自然、人文居住环境，引导居民的正向价值观，培养大众高尚的思想道德与情操，具有一定的社会性、群众性，不是为了实现商业目的的行为。

社区文化建设的主体以及执行方的主动性较差，普遍表现形式单一、建设品质较低，主要以整体居民的服务和建设为主，所以社区整体状况、企业利益为主，考虑居民个体、内在深层次精神需求不够。

社群文化运营是建立在社区文化建设之上，通过身体、家庭、文化、精神等方面的分析与设计，以满足居民的内在需求为主，实现居民对小镇以及小镇开发企业的信任度、消费习惯等，在满足居民需求的同时，从而实现小镇商业需求的双赢模式。社群文化运营突出表现在仔细剖析居民个体、家庭、小圈层的个性化需求，以内在身体健康、艺术追求、情感与精神满足等为主，并且进行大量的人力物力和资金投入，表现形式多种多样，兼具实用与美感，执行的主动性、服务性很强。

3. 物业管理服务公司的角色定位不同，工作内容有区别

物业公司是社区居民日常生活的服务者，居民日常生活面临

的各种细小微的问题，都可能需要物业公司的协助，在社区文化建设过程中，起到了文化建设执行者、传播者的作用，主要工作内容就是通过日常与居民的关联度，策划、协调、组织、执行、推动具体的社区文化建设，是社区、社区文化与居民的纽带，并没有更多的团队或企业以执行者的身份进行社区文化建设。在社群的运营中，物业公司的功能定位同样发生了变化。

一是物业服务公司的基础工作是物业服务。这是物业公司最核心的业务，也是应尽职责，要做到细致化、专业化，尤其是服务态度与服务礼仪要有质的提升；物业服务是居民居住最基本的需求，只有很好地满足最基础的需求部分，才可以与企业、小镇产生更多的关系，避免陷入细枝末节的问题中。

二是物业服务公司要做好社群文化运营部门的配合工作。一方面，社群的服务与工作人员，与居民的接触深入度与频次更高，许多需要物业服务公司提供的服务，也由他们代替和传递，例如快速收发、庭院打扫、宠物照看等，这就需要物业公司在接到任务或配合需求时，高效配合；另一方面，日常社群活动举行的频次较高，需要大量的空间与场地，这就需要物业公司做好后勤保障工作，能够充分理解，做好幕后英雄。

三是物业服务不再作为社区文化建设的执行者，只需在社群文化运营过程中，在自己的管理范围内做好配合者、协调者的角色；另外涉及小镇的二手房屋交易类的大宗服务，多数企业也开始从物业服务框架内剥离，单独成立部门进行专属性服务。

4. 文化建设形式和内容不同

社区文化建设主要是以张贴文化内容、常规文化栏、宣传台以及活动举办等形式为主，且部分社区的文化展示内容更新速度很慢，社区文化宣传品的破损情况较严重，多数活动的举办主要是依托法定和传统节假日，实际落地频次不足，表现内容也多以政策文件宣传、行为规范、社会文明、爱国主义教育等为主；社群文化依然要进行整体的社区文化建设，但与社区文化建设的不同之处在于表现形式和频次的多样化、密集化，以及内容的丰富和人性化挖掘。具体有以下 8 种形式。

（1）小镇社区的环境包装不仅具有美感，内容也不再局限于社会性的语言内容，小镇的居民多数已具备社会文明的基础素养，内容多与居民产生共鸣，与居民的目的性相契合，以精神文化内容为主。

（2）日常工作中，社群文化运营员工与居民多接触，直接提供专属性服务，在服务过程中直接传递小镇的居住理念、生活方式以及企业的理念，文化传递多以社群文化活动的形式表现。

（3）社群文化运营部门多频次举办活动。一方面是在居民集中居住的周末和节假日，举办各类集中型活动，另一方面是日常的个体或小团体的专属性小型活动、商业活动。以年度计算，较为良性的运营，活动场次相加，多的可以达到数百次。

（4）居民自发型活动与聚会较多。一些居民基于个人的爱好与兴趣，自愿主动组织各类活动和聚会，以文化为纽带，不仅满足了个人的兴趣爱好、传播了兴趣文化，而且促进了小镇的健康文化、邻里关系的融合。

（5）商业赞助、专业团体的引入情况较多。良好的社群文化运营，使居民具有很强的凝聚力与文化气质，小镇居民的消费能力、圈层资源对许多商家具有较强的吸引力，多数商家与专业团体为了进行宣传推广，自愿主动参与到各类活动中。

（6）对外活动和交流联动的开展较广。除了在小镇社区内部、居民内部进行文化活动的举办，社群文化运营部门，还会与外部社会组织、专业团体进行沟通洽谈，组织居民一起，在其他区域、场馆、社区等，进行文化活动交流。

（7）社会公益事业的增加。多数小镇开发企业和社区运营部门的社会责任感越来越强，每年都会有计划性的公益捐助，在小镇居民中树立良好的社会形象，传递社会公德和爱心，影响和促进更多的居民加入社会公益中去；同时小镇开发企业主动联系公益项目，并把公益形式多样化，除了现金捐助，还会组织文艺会演、爱心帮扶、义工等多种形式，拓宽了居民的参与公益形式、降低了公益门槛，满足居民个人价值的体现与社会性，把"善与爱"在居民中传递扩散。

（8）建设专属的文化场所，多种文艺、文化汇集成文化长廊。除了活动的举办形式外，建设专属的文化空间，以小型展厅或博物馆的形式，针对居民开放，一方面可以作为日常专属、主题性空间，另一方面作为居民主动参与性的文化场地，多类型的场所或场馆汇集在一起，小镇的艺术气息、文化氛围以及传播力会更加强大。

社群的表现形式多种多样，由专业性人才统一管理、运营、服务的社群文化运营单位，以激发居民的兴趣爱好、组织居民参与细致化活动，通过整合、融合内外各种资源，多频次多形式的与居民产生互动、圈粘，从而形成良好的社群文化运营。

（五）社群文化运营是社区文化建设的重要趋势

1. 社群文化运营的专属性更强

社区文化建设是以全体居民为对象，在环境建设、行为建设等各方面并不针对某一个人或某一团体进行特殊定制，工作的专业性、深入度、人性化略有欠缺，但社群运营的专属性更强。首先，社群文化运营是社区文化建设的升级，兼有以全体居民为对象的整体性文化建设，例如，小镇社区的整体性包装、配套服务的整体构建等；其次，社群文化运营的核心是专属性服务。根据需求的实现困难度，多数以专人、一个专项小型团队为责任方，协调整体社群文化运营部门及其他部门的资源，负责针对某一小型团体、某一个家庭甚至个体的专属性服务。通过积少成多的点滴服务形成良好的社区服务与文化建设。

2. 社群文化是社区文化专业化、市场化的延伸，是社区文化发展的一个方向

不同于社区文化建设，居民的参与度不高、主动性不强，但是对于小镇每年数百次的社群活动、聚会以及交流，居民具有较强的参与意愿，说明活动定位符合居民需求、活动的内容丰富、活动细分到位、活动形式和内涵吸引人；这些效果是以企业投入的资金为发展基础的，没有资金的支持无法实现各种人力、物力以及专业性的投入。

一是活动方向与活动内容丰富，所需要完成的基础工作量很大。一方面通过不断增加活动的主题方向，使居民保持新鲜感，另一方面要深化和丰富原有活动的内容与深度，这就需要专业型人才，对活动进行专业的剖析、精细化、落地执行。所谓术业有专攻，这就需要大量的配合人员以及主题专业型人才。

二是工作的专业化、精细化、专属性，使居民的主动参与度提高。不仅体现在居民作为观众的角度参与，而且还体现在居民以执行者的角度参与；居民的参与不仅分担了企业的压力，而且居民带来的圈层朋友，可以给小镇带来更多的潜在消费，这也是社群文化运营的商业出发点之一。

三是社群文化运营具有较广泛的外部资源。一方面是开发企业与运营部门，以小镇潜在的消费能力，可以对外有效地寻找外

部资源；另一方面居民的主动参与，带动和挖掘了其身边的外部资源，而这些外部资源对小镇和企业来讲，意味着潜在的商业价值。

这种专业化、市场化的运营方式，不仅可以高效地进行社区文化建设，而且还可以使文化内容更加符合人的内在需求，具有较强的活力。同时在社群的运营过程中，各种资源的带动，为未来企业与小镇带来了不可估量的市场价值与前景。社群文化运营是社区文化建设的方向，但是需要不菲的资金投入，是否如此进行，还待企业评估。

社群发端于社区的文化建设，但又超出社区文化建设。社群是社区文化建设的主要内容，也是社区文化建设的主要形式，更是社区文化建设产业化的途径，一定程度上决定着特色小镇的正常运营。

三、社群文化运营的发展

（一）早期房地产企业会员制的发起

自我国 20 世纪 90 年代末进入住房改革深化阶段，商品房的开发逐渐进入我国的市场经济中，并迅速成为经济发展、居民就业的主要行业之一，随着市场化的推进，各大房地产企业为了品牌塑造、客户圈粘，多采用会员制的方式，通过客户到访、购房、介绍宣传等以数值积分的形式对客户进行圈粘。

多数以"**会"的名称进行，如1998年万科集团成立万科会、2002年上海绿地集团成立绿地会、2005年杭州绿城集团成立绿城会等，但早期的会员制，只是通过积分值的高低来实现潜在客户量的积累，服务只是会员制很小的一种作用，成熟的运营模式、体系化的客户服务和社群文化运营还没有形成，直到现在，许多开发企业仍采用这种方式。

（二）CLUB MED 的启发

1950年在法国成立的地中海俱乐部（CLUB MED），是全球最大的旅游度假连锁集团，在全球许多风景优美的地方拥有各处度假村和服务场所，以向俱乐部会员提供旅游、休闲度假、运动度假等为主。

（1）CLUB MED 采是会员制的服务和发展模式，消费者首先要通过入会申请、审核成为会员，才可以享受会员制的专属性服务。

会员制是一种客户细分的商业模式，企业可以把一定特点、层次的客户进行聚集，通过客户的了解和分析，使服务达到精准性、高效性，同时这种模式可以有效地降低成本、减少经营和服务的风险，即先找到了客户和市场，同时还可以收取一定的会员费，再进行生产和经营，企业的资金、经营风险基本为零；从客户的角度讲，客户群体的同质化、服务的精准和高效，也会使客户的体验环境、服务满意度大大增加。

（2）G.O 的精细化服务。G.O 即法语"GENTIL ORGANI-SATEUR"的缩写，是 CLUB MED 的员工，本意是"和善的组织者"或"亲切的东道主"，是会员度假期间的亲善服务者。一方面，他们是接待者、服务者，提供各种日常生活细节的需要，这是他们的岗位本质；另一方面，他们更多的工作是以朋友的身份进行旅游服务，纯熟的翻译、专业的健身教练、聊天饮酒的朋友等，旅途度假中任何的需求他们都会及时提供。

（三）社区社群文化运营兴起

借助地中海俱乐部的模式启示，2011 年，奥伦达部落成立，成为我国小镇和社区社群文化运营的第一家，2013 年荣膺 CCTV 中国年度品牌。吸引了包括万科、碧桂园、华夏幸福等各大房地产开发商的关注，至此，全国化的社群文化运营大面积推广。截至目前，奥伦达部落的社群文化运营模式仍有很强的生命力，为许多缺少先天自然资源的小镇项目，提供了社群文化运营的样板。

借助奥伦达部落的成功，结合北戴河旅游度假的先天资源，2014 年阿那亚开始注入社群理念，并通过市场推广成为社群文化运营的又一典范。同期福建泉州的聚龙小镇社群文化运营的成功，吸引了大量参观学习者。以上三个小镇的社群文化运营，是目前我国社群成功的三个典型项目。

四、社群文化运营的内涵

（一）人是群体性、群居性物种

远古时代氏族部落兴起，黄帝领导有熊氏部落，最终融合其他部落形成华夏民族，现代社会以家庭为基础的社区构成了最基本的群体单位，是社会整体构成的基础元素。当个体处于熟悉的群体之中，周围每个个体散发出共性的特点，不管是血缘的相同，还是习惯理念的类似，都可以给人最基础的安全感；如果说个人是思想意识的物理载体，那么群体就是人的思想与意识产生、发展、表现的环境载体，一个人对事物、事件及其他人的观点、意见、情感等，需要表达和交流，这就需要交流对象，尤其熟悉的交流对象。

简单来讲，人的群体需求层次是人需要与熟悉的人共处、人需要表达自我、人需要价值体现与认可。从社团的运行模式来讲，其发挥了人共性的特征，与人群体的需求一致。

（二）社团运行把居民的共性特点进行融合

（1）购房小镇居民的社会层次具有相似性，购房目的多数以休闲度假、享受小镇生活为主，具有相同的行为出发点，这些把居民聚在相同的空间；在同一社区内，每一位居民在小镇的房屋具有地理位置相同，社区自然与人文环境相同、商业服务和配套设施相同、房屋的产品类型相同；社团文化活动是在某一确定的时间点或时间段内，把居民聚集在单一场地内，大家面对共同的社团活动环境和相同的参与者。

（2）社团主题的共同性。兴趣爱好是社团的纽带，参与者多数为具有共同兴趣的爱好者，社团活动的长期主题和单次话题也是以兴趣爱好为连接点，使大家有了共同的、熟悉的内容，这是大家主动共聚的原因和动力。

（3）服务的均衡性，使居民有了良好体验。社团运行过程，对每位居民和居民家庭都要做到良好的优质服务，对待每一个居民都要像家人；同时在单次活动举办过程中，社团的专员要在活动过程中，使每一个人都要表达自己，兼顾每一个参与者的感受，使每一个参与者都可以享受到活动带来的良好服务和体验感。

以上这些共性的点，不仅是居民参与、社群文化运营的基础，而且也是社团运行的主要理念，以此为运行规则，则是一个社团可以良性发展的原则。

五、社群文化运营的方式

（一）社群文化运营的日常活动方式，通过成立主题文化社团把居民的文化需求与小镇需求相结合

文化社团成立的纽带、主题和吸引力是居民的兴趣爱好，该

方法有以下三个主要优势。

（1）兴趣爱好是一个人的目光与神情聚集点，是一个人参与某一事件的驱动力，是主动消费的原因，更是一个人内心共鸣甚至精神富足的手段。所以，有效运用兴趣爱好对人的作用，是实现社群社团运营、小镇发展的出发点。

（2）中国传统俗语"物以类聚，人以群分"，是指具有相同兴趣爱好可以聚集共性的人群。小镇可以直接汇集具有鲜明特点的人群，随着人群群体数量的增多，小镇整体的客层随之扩大，同时，圈层最大的作用就是可以高效地找到与居民特点相似的人群，如收入层次、社会阅历、工作特点、生活习惯等。

（3）对小镇来讲，主要的工作就是尽可能多地为居民提供兴趣爱好的社团类型，最大量地圈粘居民，从而最大化地扩大圈层影响力，这样社群的社团种类越多，圈粘的居民就越多，社会与圈层的影响力就会扩大，有效客户群体的扩大速度就越快，小镇的发展速度就越快。

综上，我们通过居民的生活习惯与需求、特色小镇发展的需求，发现二者有一定的时间与空间错位，居民日常生活与习惯的养成并不在特色小镇内，而特色小镇的文化建设只能集中在周末或节假日，结合小镇商业发展的需要，解决这一问题，社群文化运营是关键。

特别需要说明的是，小镇的品牌活动要与社群文化运营相结合。品牌活动是指以小镇或企业的品牌形象塑造和传播为目的的活动，主要活动目标对象并非针对某一人物或小团体成员，也不仅局限于服务型活动，活动举办的类型较多，一场品牌类活动计划包含有广告媒体的宣传推广安排，品牌活动规模较大、规格较高但频次低；文化社团的日常活动，是社团会员固定的主题性交流活动，普遍规模较小但频次高，日常举办活动前后只有社区内、社团内的活动公示，并没有对外的媒体宣传推广。对于小镇来讲，二者均属于活动范畴，二者的活动目的最终是为小镇和企业的发展，二者在活动计划排布时要有统一性的安排，形成合力，避免出现时间重叠、主题重复、参与人员和场地资源等方面的冲突；另外，小镇品牌活动的主办主题，要有与社团主题相结合的内容，特别是对于在社区影响力较大的主题社团，应由小镇和企业作为活动发起主体，以年度为单位，以扩大规模和规格的品牌活动形式，结合媒体推广，全体社区居民参与，推出和塑造意见领袖，传播小镇的邻里关系、生活方式，成为小镇整体的品牌推广。

　　总之，小镇的品牌活动在商业活动之外，品牌活动主题应多与小镇文化社团主题相结合，参与人员要以社区居民的参与为主，把品牌活动做出社团活动的规模化和影响力，小镇的生活方式才会在社区以及市场上传播。

（二）社群文化运营的核心是提供服务

1. 社群的服务对象和小镇的产业发展需求，都需要社群文化运营工作以服务为重心

"服务型产业 + 文旅 + 社区"结构的小镇主产业，属于第三产业服务性行业，特色小镇的产业运营，主要是以休闲度假为主的驱动，是以直接体验为主，这就需要小镇休闲度假的基础服务功能完善，基础功能项的直接体验，直接代表了小镇的服务内容和休闲度假的品质，同样，小镇文化产业的构建，带来的文化氛围、文化特色与文化对居民的影响，直接反映了小镇的艺术性、厚重感、观赏度，更重要的是，文化感与客户产生的文化需求产生心理共鸣，最终终端客户消费的体验感与效果，直接决定了小镇产业产品的口碑与品质、是否可以树立良好的市场形象、打开产品的市场空间；社群的基本运营手法，就是通过分析客户的内在需求，通过日常的生活服务、活动服务等形式与客户圈粘，社群文化运营不是生产加工的模式，是人与人之间的融合性互动，而这个互动的纽带就是服务，小镇的主产业、文旅产业体验与传播的最直接目标客户就是小镇居民，向其展现和提供丰富的基础服务内容、深入的服务层次以及良好的服务感觉。如果小镇的社区文化与城市社区一般无二，并非完全以服务者的姿态向居民服务的话，是无法形成有效的社群资源，所以社群的服务能力决定

了小镇整个产业的传播以及运行状况。

2. 建立完备的客户服务体系

传统的客户服务部门，多是售后服务、问题接访、沟通协调和解决，但小镇的客户服务体系要更细致、更完备。首先，要做到小镇业务范围内所有与客户有关联的客户服务部门，都要有统一的规范性的服务内容，标准化、规范化、流程化、制度化，要保证客户服务的及时性。其次，小镇的所有人员都是客户服务专员，上至企业集团高层、下至每位普通员工，只要接到客户的服务需求，都要在第一时间向职能部门反馈客户的需求，做到人人服务、时时服务。另外，不分岗位职责，所有小镇创建过程中不同业务板块的所有中高层管理人员，都要不定期的与客户进行交流，主动了解客户的真实需求与感受，并亲力解决客户问题。

不论是哪一个客户，服务部门都要坚持为客户服务的基本原则，具体客户服务部门有以下4大类，与社群服务共同构建了小镇客户服务的体系：

（1）房产类客户服务。也是前端、初期的必须要进行的传统客户服务，主要工作内容有向客户提供房屋销售的权属登记备案、银行贷款手续办理与款项追踪、各种购房手续的办理、房屋交付、房屋质量问题的接待与反馈等。这需要专业的房产服务部门执行，该部门在工作执行过程中，同样要以社群服务的标准对客户进行服务，在社群文化运营中，房产类客服是客户基本信息、生活状况掌握最全的部门，在客户个人隐私保护的前提下，向社群文化运营部门进行客户的转交。

（2）物业管理服务。由物业服务管理公司提供，这是客户日常生活的服务，主要工作内容较为烦琐，但与客户联系也最贴近，一是要提高物业管理服务的水平，二是要配合社群服务人员的服务需求，三是还要把客户服务过程中的细节性需求、问题向开发建设部门、房产客服部门、社群文化运营部门进行反馈以及问题追踪。其中，对小镇园区的基本环境、卫生、设施设备维护更新等最基本的工作，是小镇开展其他各项业务、社群活动、客户的休闲度假感等方面的基础。

（3）社群文化运营的服务。由社群文化运营部门直接提供，社群文化运营本身就是以服务为核心，体现更为主动热情、贴心细致、前瞻、契合的服务态度和服务能力。社群文化运营和岗位规范与标准，就是服务标准，这是小镇的核心，它可以向各个板块发出运营和服务的要求和需求，一方面高效的服务有利于居民对小镇和社群的认可度，另一方面可以调整和提高各个板块工作内容与居民的契合度。

尤其要注意的是，社群文化运营的各岗位服务人员，不能进行小镇房产产品的推销，不能进行小镇金融平台的推荐，不能在活动中出现销售商业行为与目的，对居民就是不参杂商业目的、完全的服务。

（4）居民与会员的消费类服务。即商业经营的客户电话服务，小镇的商业配套、产品与服务的提供都需要有专门的部门进行管理，一方面是经营性需要，如酒店预定、会议承接等，另一方面是消费者在消费过程中出现的投诉承接和解决，这些基本的接待、消费体验服务，是居民休闲度假生活的主要内容，是否使客户产生较强的黏性，这些是最基础的服务内容。

（三）社群文化运营要有特色小镇与居民之间的同创

一个良性的社群文化运营，除了服务和满足居民的兴趣爱好与精神文化追求，同样离不开小镇与居民的共创性的共享，主要出发点是利益的创造。利益同创共享，不仅可以实现居民收入的增加，而且同创共享更是企业节约成本、资金回笼、资产销售、产品和服务销售的重要方式。

1. 空间的共创同享

小镇的二级房地产开发，需要实现房屋的销售，好的销售状况可以有效地实现资金回笼，以投入到小镇的整体建设与运营中，好的销售状况意味着小镇具有了很多潜在居民和消费者；对于房屋的购买者来讲，需要在环境优美、生活方式美好、配套品质较好、邻里关系和谐的地方，有一处可以常住的居所，以供个人和家庭周末和节假日的休闲度假。小镇生态环境、社群文化运营以及品质化的经营服务项，均可以很好地满足客户，但其中最大的一个问题是，居民房屋的使用多数只限于周末和节假日，为了使用率并不高的休闲度假而去支付大量资金去购买房产是否值得，一定程度上影响了居民的购房热情，同时又造成房屋空置与资源浪费。另外小镇还需要规划出一部分土地，投入大量资金进行各种配套设施的建设，如果居民以其所购房屋为标的，交由企业作为经营空间，不仅实现了资产的周转率与价值，而且还提高了小镇的土地利用率以及资金支出，这种空间同创增加了居民房屋附加的经济价值，一定程度上刺激了居民的购房热情，对小镇的整体带动很强。

以居民的房屋交由小镇运营部门作为酒店客房为例。首先，企业商业运营部门下属的酒店，要与居民达成租赁或相关经营约定，主要有以下两种方式。第一种方式，居民房屋完全交由酒店经营的方式，居民可以以固定租金的形式收益，也可以以房屋入股享受分红的方式进行收益；第二种方式，部分委托经营管理的方式，房屋日常交由酒店使用，居民享受使用的收益，同时居民也可以自行出租，此时酒店不再经营，若需要酒店提供租户酒店服务的，需要向居民收取少量的服务费用。其次，小镇在使用居民房屋时，还要满足居民在小镇的居住需求，主要有以下两种方式。第一种方式，酒店方根据居民居住的天数，赠予居民在小镇酒店内一定数量的居住权；第二种方式，居民还可以偶尔自住，但对每年的居住天数进行限制，以不妨碍酒店经营为主，居住时间内不再享有收益。

空间的共创，一方面可以增加居民的收益和居民房屋的附加价值，激发居民的购房示范效益，提高小镇社区整体的物业价值；另一方面可以节约小镇运营所需物理空间的建设费用，减少小镇创建的现金流压力。

2. 活动同创

社群文化的社团运营，主要形式是以集体活动的形式进行，最终实现的目的是居民享受品质性生活、小镇获得品牌价值与潜在客群。

活动需要居民参与，特别是兴趣爱好专长突出的、具有一定影响力的意见领袖，社团的成立与发展需求，与其正好契合。随着社团的发展、会员人数增加，一方面是社团需要意见领袖持续对社团的站台；另一方面是意见领袖的价值被认可，此时就可以进行活动同创。

运动同创的一种方式是以兴趣爱好为商业标的，小镇向意见领袖采购并向其支付一定的费用（费用形式可以多样化）；另一种方式是企业与意见领袖联营，其以专业化、职业化的兴趣爱好技术入股，小镇提供场地、主要设备设施、基础服务人员，二者共同以市场化运营社团。市场化运营首先要保证社团正常的运营，其次对兴趣爱好进行研发创新，以产品的形式向居民和访客提供研发成果，二者对收益部分进行分配。

3. 产业同创

小镇的创建企业只是小镇开发的执行主体，传统的产业与生活配套经营，并不是小镇创建企业的主业和强项，即使成立独立的经营公司、设置独立的经营团队，并不一定实现产业或生活配套服务项的长期经营和盈利，反而可能成为企业的负担，这时，小镇可以与行业专业性强的居民进行同创，由其进行专业性经营，二者进行收益分成。合作形式主要有三种，一是可以由小镇提供经营场所和基础硬件条件，居民负责日常经营和开销，统算收入和支出；二是可以由居民购买小镇经营性资产，由居民独立经营，小镇不仅要给予优厚的资产售价，而且保证一定时（年）限，采购一定数量的产品和服务，从而实现双赢；三是可以带租销售该经营型资产给其他居民，小镇负责基础硬件与居民经营者联营，还可以实现资金回笼的最大化。

4. 资本同创

目前在一些小镇的开发运营过程中，吸取了 CLUB MED 会员制的方式，结合小镇的产品类型，通过会员制的金融化，与目标客户进行同创，实现企业与会员的共赢。具体操作如下：

（1）会员制需要目标客户缴纳会员费，成为会员后可长期享有各项商业服务、社团参与和同创、房屋购买等小镇所提供的特色的产品。

（2）明确特色小镇的特色产品与社群文化运营的特点，以单项产品为主、综合其他服务项产品内容，构成一张具有一定金额的会员卡，由业务部门进行会员卡的售卖，客户或居民通过支付一定金额购买会员卡及卡内的服务和产品项，成为会员。其中，产品项的价值性价比要高且符合市场与客户的需求。

（3）房屋是小镇最大的产品，房屋的销售一方面是社群文化运营的基础，另一方面房屋也是小镇开发建设的融资平台。房屋的销售方式也可以采用会员制的方式，即要想购买房产产品，必须先成为会员，此时的会员入会设计，要以未来购房为主要服务项，小镇的其他产品、服务以及社群文化运营服务为辅助。考虑到房产价格总价较高，所以此类会员入会需要面额较大，此时，小镇可以按会员卡面额给予一定的利息给客户，利率的标准可以在6%～15%，即结合当时银行理财的收益最终进行确定。

该类会员卡，一是会员具有购买房产的优先优惠权，二是可以享有小镇其他配套服务与社团运营服务，三是可以享有以预购房产为标的，高于银行存款利率的利息收益；对于小镇来讲，可以提前锁定目标客户群、减少开发风险，即先有客户与需求再进行开发，同时又提前进行资金的使用。

（四）社群文化运营的会员制模式

从企业经营的角度讲，会员制的优势有三个方面，一是通过缴费入会，通过对客户分层分级的筛选，扩大并圈粘有效的目标客群；二是做到先有客户和需求，再有产品和服务内容，企业经营风险大大降低；三是可以实现资金的提前回笼利用，降低融资成本。从客户消费角度讲，会员制的优势有四个方面，一是可以对特定产品和服务项进行预订式消费，无须另行寻找所需消费的其他商家；二是可以享受产品和服务的专属性，消费品质高；三是会员制的客户群体层次类似，消费理念和消费行为具有共性，可以保证消费人文环境的品质；四是会员制可以享受到非会员制的价格优惠与附加价值。

基于会员制对企业发展与会员消费的作用，小镇需要在社群运营环节采用会员制的经营模式，具体可采用以下内容：

（1）社群文化运营的社团活动组织、参与资格，需要参与人员成为企业的会员，非会员参与的需要由社团成员进行介绍，方可体验参与。这种门槛一可以保证社团成员均是兴趣爱好的圈层团体，二可以保证原有成员的参与利益及受尊重的服务体验感。

（2）小镇提供的产品和服务，如酒店住宿、特色餐饮、康养服务、娱乐体验等，一方面分为会员价格与非会员价格，会员价格要明显优于非会员价格，另一方面服务增值要体现，如住宿延时服务，专属消费空间等常态的经营服务项均可免费提供。这是日常消费，最能直接体现会员的优越性。

（3）二级房地产开发房屋的购买，会员享有优先购买、最惠购买的权利。一是可以提前确定客户群体，二是可以体现出会员的优越性。

（4）会员的同创资格。企业在经营过程中，需要各类资源的引入和同创（资本与房屋的经营同创是常用形式），这时，具有资源的会员具有优先同创共享的资格。一是会员对企业和小镇具有一定的信任度，对企业和小镇的经营较熟悉，同创概率较大，二是企业与会员的同创共享，可以扩大会员的利益点，加大居民会员对企业和小镇的认可度，从而有利于客户圈层的扩大。

（5）发行特定产品和服务内容的会员卡。普通商家的会员制，多数是以商家名义招募会员，会员享受商家提供的各项产品和服务，特色小镇与传统商业不同，小镇是一个立体生活生态圈，所提供的产品和服务，不仅种类较多，而且业态跨界情况较多，如投资理财、购房需求、社团活动参与、特色餐饮、康养保健、农耕体验等种类繁多且不统一，同时，不同的居民或者到访者对产品和服务的需求不尽相同。这就需要小镇不能一刀切，仅以小镇或企业的名义进行会员的招募和积累，而应以潜在需求为出发点，依据产品和服务项制定不同类型、不同面额的会员卡。一方面不仅满足了需求的个性化，另一方面小镇对消费的需求更为明晰，在产品与服务提供以及社群社团运营方面，更加有针对性。

第二节

社群文化运营实施要点

一、小镇创建企业：社群文化运营主体

社群的运营从属于特色小镇与小镇的开发企业，社群文化运营是一个新鲜的商业模式，它没有开发建设、营销策划、物业服务、产业经营等环节的行业成熟度，同时，社群文化运营是一个前期资金需求较大、人力配置较高、但不一定能产生直接盈利的投入。能否实现良好的运营，不是单一部门的问题，需要上至企业控制人、中至各级管理人员、下至每一位员工，都要亲力参与。

（一）企业经营战略、经营理念的调整

首先，要从战略层面进行调整，进行相匹配的理念转变与机制配套。经营理念、管理架构、权限设置、各项管理规章制度、人力资源配置、资金机制、考核体系等，都需要进行调整。其次，设置社群文化运营部门，专门负责小镇的各项社群建设内容，从权限设置、资金使用、人力构成等方面规划。其中，因为社群文化运营是一个新鲜事物，市场上的专业性人才较少，所以

企业要特别注重人才的自我培养。

包含物业服务公司在内的所有员工、部门，不仅要对社群工作进行配合，而且要主动参与，起到示范者、参与者、引领者的作用。毕竟每一个小镇都有自己不同的特点，社群文化运营是一个精细化的服务性工作，它不是周转快的短线投资，而是一个长期投入，作用呈现缓慢的模式，只有每一个人亲身体验、亲自参与，才会体验出社群文化运营的发展，感受社群带来的作用。

研究部分较成功的小镇，发现企业已然以向客户提供"幸福"为小镇的发展理念，只有从公司战略理念层面做起，才可以通过社群文化运营做好"幸福"产品。聚龙小镇的项目"以倾力构建人间桃园真品质人居幸福小镇"的开发理念，打造"最有人情味的生活圈""没有陌生，心有所安，情有所归"的人间桃园。阿那亚企业理念"人生可以更美"，倡导的价值观和生活方式，从物质层面来讲，就是有品质的简朴和有节制的丰盛；从精神层面来讲，就是提倡回归家庭，回归自然，回归传统，回归一种有灵性的本真生活。奥伦达部落"幸福系统运营商"的企业理念，通过"同话、同好、同创、同享、同在"的社群文化理念，实现人生幸福梦想。

（二）社群文化运营的主要形式是社团的建设

1. 要有专职员工的配置

目前，国内较为成功的社群文化运营，基本以兴趣爱好为纽带，进行居民圈层的小社团组建，运营部门配置社团的专业性人才，每一个社团至少一名专职的责任员工，其主要职责是社团活动形式和内容确定、活动计划与安排、活动方案策划与组织、社团居民的日常服务和沟通、新社团成员的挖掘、社团的品牌与推广等。

与地中海俱乐部 DO 类似，多数企业为该部分员工均有专属的岗位命名，以 ＊O 进行命名以体现运营和服务的专业性和专属性，如奥伦达部落称为 TO，阿那亚称之为 DO，还有一些企业称为 GO、EO，不论名称如何，这些 ＊O 都是社群文化运营专业性、细致化的生活和文化组织者、服务者。

社群和小社团的日常运行，对这些员工的要求较高。首先要有一技之长，具有社团基本的专业基础，不一定要求国家或地方机构认证的证书，但一定要有实际的操作能力；其次要有较强的沟通能力、策划创新能力、审美能力，较好地表现出社团活动，并能与居民进行融洽的沟通，才能实际进行活动执行。

另外，除了专员，还需要一些配合执行的工作人员，如组织一场活动，需要设计、采购、现场布置、服务人员、接待等程序。

2. 要有居民的参与

活动的对象是具有社团兴趣爱好的居民，没有居民的参与，活动举办没有任何意义，所以要培养居民的参与积极性。

（1）需要工作人员主动了解客户，并对每个居民的兴趣爱好、家庭结构、生活习惯等方面进行分析，人为地进行归类。

（2）按照客户的需求，进行契合的活动设计，鉴于居民的经历与审美，活动设计一方面要符合兴趣爱好，另一方面要区别于普通的活动，具有更强的参与感、互动感与美感，要以居民为活动主导，工作人员只负责活动主线的主持或引导。

（3）要在居民及其亲朋好友之中，找到具有一定圈层影响力的兴趣爱好者，市场层面称之为"大咖"或"大 V"。由其作为社团的主要组织人，围绕其及身边的潜在客户，由运营部门做服务。

（4）从活动举办的结果评判一场活动是否成功，一方面要看活动本身执行到位与否，另一方面要看是否很好地传递、传播了小镇美好的生活方式和社区文化，尤其是对新访客的传递。一场成功的活动参与人员要由：意见领袖 + 居民朋友（新访客）＋社团专员 + 其他人员的分工，并对每个人的身体角色进行定位。意见领袖以其自身的影响力，是活动的主导人、兴趣爱好的专业者和体验者、生活和文化的传递者、新访客的邀约人。新访客是活动和文化生活的体验者、邻里融洽氛围的感受者、小镇服务的体验者、潜在消费者，社团专员是活动实际执行人、服务方、气氛活跃和平衡者。

3. 社群主题社团活动的举办流程

第一步，各社团的运营部门专员，于当月月末制定出各个社团次月的活动的时间与场次安排，由活动公示栏、官方微信、微博、官网、主题社团微信群、员工朋友圈、公共配套场所等方式进行公示，部分意见领袖需要由专人微信或电话直接沟通。

第二步，由运营专员提前 7～10 天进行活动构思，并形成基本思路。基本内容：时间与时长、地点、活动主题与内容、活动形式、活动流程安排、流程内容与责任人、活动主持、活动预期目的、活动费用支出、活动场地布置、环境和氛围包装、所需物料和文件、电子设备、预计参与居民名单与数量、参与人员的角色定位、是否允许带孩童、是否有餐提供、居民是否承担费用、参与者参加的其他要求或条件等。主要设计依据是社团过往活动的举办经验、预计的时间节点居民参与度和人数、大 V 居民是否参与等。

第三步，与具有一定影响的"大 V"居民进行沟通，调整并确定活动方案。活动本身的举办，一方面是围绕大 V 居民本身，另一方面是大 V 身边及其他居民带来的小镇的新访客。

第四步，进行活动准备。物料、设备、主持人、场地、餐、服装等的准备，无法按期准备到位，提出备用方案。同时，向企业内部发出活动通知，其他单位或部门是否有新访客活动体验的需求。

第五步，宣传和活动邀约。通过自媒体、微信朋友圈、微信通知、宣传栏等形式，对活动进行提前的宣传，并对潜在参与者进行报名登记和主动邀约。

第六步，活动的举办。在活动举办过程中，发挥参与人员的主动性，由意见领袖进行活动的主导、运营部门的专员进行配合；活动过程中，要兼顾所有参与者的感觉，对首次参加活动者进行重点介绍，一方面使其尽快融入其他居民与社团中去，另一方面让其更能迅速了解活动与社团，体验小镇的服务、融洽的邻里关系、以人为本的社区文化与健康幸福的生活方式。

第七步，活动满意度调查。可以通过现场直接问询了解，也可以直接由参与者直接填写满意度调查表（简单、清晰、便捷），但不再给居民增添不必要的环节，以自愿为主。

第八步，运营部门进行活动总结。从活动策划、活动准备、活动宣传、活动邀约、活动执行、居民体验度、活动目的、活动产生的其他价值等方面，对活动出现的任何问题进行总结，并对活动进行复盘思考，好的方面向其他社团推广，并向意见领袖反馈活动效果与活动的关键环节点。

第九步，对活动出现的问题，参与者提出的异议等，进行客户反馈，对属于理解偏差的问题，进行解释并邀请其现场体验，对实际不足之处提出整改方案与整改完成时间。

（三）社群文化运营要提供完善的配套设施

1. 要有良好的自然资源

大环境是最为基础的条件，若无大环境的优越性，特色小镇与城区社区一般无二，不再具有休闲度假的基础条件。首先是先天自然资源的运用和开发，水景、山景、田园景等；其次是后天建设的环境，园林景观、植物园、主题性种植区、居民耕作区、社区内的水系和景观建设等。

2. 要有生活和接待的商业配套设施

居民至小镇的目的多数是休闲度假，所以小镇必须为居民提供生活的便利。基础生活和接待的商业配套设施，必须由小镇提供，例如居民食堂、酒店、商业街、会所等，这些配套设施同时应兼具商务功能，是休闲度假、商务洽谈和接待的必要条件。

3. 要有一定的人文资源

一是可以通过文化展厅的形式；二是小镇社区的建筑规划、建筑风格与公共景观体系要体现出浓郁的人文气息和特点；三是可以建设典型性建筑物或构筑物，例如阿那亚社区的孤独的图书馆、海坨冬奥小镇的1473咖啡馆等小镇精神建筑，这些建筑包含小镇特有的气质，表现小镇的文化特征、文化底蕴，使居民产生文化的历史感、厚重感，与客户心理的文化追求契合。

4. 要有适合的运动配套

运动已成为人们日常的必须内容，更是人们健康生活的一部分，日常生活中，运动已经成为仅次于饮食、睡眠、上班的重要活动项。所以为了居民的健康需求，小镇必须提供各类运动配套设施和良好的运动环境，运动配套设施已经不仅仅是各个特色小镇的必备，已然成为各级城市内各类小区的基本配备。

运动配套设施不要求高大上，但一定要符合运动的需求，浪费土地和大量养护成本的高尔夫球场并不是居民的日常所需，所以运动的配置不是从"高大上"出发，而是从居民日常生活的角度出发。以下是运动的分类，各个小镇可以依据现实的产业状况、居民需求、参与程度等因素进行选择性配置：

第一大类，生活日常的基础性个体运动，即散步、跑步、游泳、健身、瑜伽、太极等。这些是小镇必须进行配置的运动配套设施，也是大部分居民的需求。例如要有健身房的配置，以满足居民的基础健身需求；要有良好的散步与跑步环境和步道建设；要有太极教练进行太极的教授与太极文化的讲解等。

第二大类，体育类运动，如篮球、足球、网球、水上运动等体育比赛类型运动。可以通过建设室外运动场、运动场馆以满足基础的体育运动。对于一些较难实现、推广度不够、危险性高、身体锻炼关联度不高的体育运动项目，可以视小镇的产业定位、资源情况进行配置，如水上运动、标枪等。

第三大类，极限运动类，如攀岩、滑翔、汽车越野、蹦极等。这些不是居民日常所需的运动，可以视小镇的资源情况进行配置。

第四大类，智力运动，棋牌类、电子竞技、脑力活动、科技实验等。其中以棋牌类脑力活动，较为适合年长者，其他类可视小镇的定位情况进行商业配套。

（四）社群文化运营要搭配精神服务平台

精神服务的目标群体不一定很广泛，但一定很精准，居民的社会层次越高，对内心精神的追求就越强。可通过如下方式进行构建：如通过公益服务平台的链接，开展计划性的捐助、公益活动事宜；开展或者引进有关家庭关系、社会关系等方面的课程；举行针对中小企业家、私营企业主类型的社会群体的心理课程等。

随着社会经济发展，居民精神世界的满足度不够，各行各业的生活生存压力普遍较大，人缺乏精神世界的价值体现与满足、内在的精神健康，已成为社会的一种普遍现象，这也是未来小镇需要着重偏向的一项服务项，这种精准性、契合性，可以使居民从内心直接对小镇产生依赖。

（五）要有一定的康养平台

康养即健康养生，是当今社会最热门的话题之一，已是社会发展的一项重要事业，健康养生已经与人们生活中的点点滴滴相融合，其中康是目的、养是手段，主要有以下几种主要方式：

（1）运动健康。运动健康已作为单项配套，由小镇选择性进行配备。

（2）饮食健康的配备。分体质分人群的进行营养配餐。饮食健康是居民日常最贴近生活、最直接有效的健康形式：一是通过营养学的饮食结构服务，对日常饮食合理搭配，达到健康调理、美容健身等目的性需求；二是传承中国传统饮食服务，依据季节和节气变化，制定和提供符合自然规律的健康饮食；三是身体康复类的药膳服务等。

（3）中医理疗健康。一是中医问诊咨询与传统理疗方式，如艾灸、针灸、按摩等；二是采用中草药对症的身体调理；三是中医的日常保健。此外，有条件的社群组织，也可以增设体检服务、家庭健康服务等医院绿色就诊通道，可以以家庭医生的模式进行健康咨询、家庭健康档案的建立、老年人的基础护理，也可以提供应急性就医、特殊领域专家资源的联系和服务。

（4）心理健康服务。随着社会发展，人们越来越重视个人与家庭成员的健康，但健康的专业性较强，所以健康养生是一个具有庞大市场的朝阳产业，以产业化运营的方式向居民提供服务，一方面可以丰富居民实际的生活需求，另一方面可以丰富小镇文化和产业。这就需要小镇根据自身特点、资源状况，适时进行健康服务内容的配置。可以开展健康知识尤其是心理健康教育与普及，建设专门的健康空间，对各类健康知识进行宣传推广和普及。

（六）社群文化运营还要有一定的物业增值平台

（1）居民节假日的休闲度假目的，决定了其房屋的空置时段较长，这就需要企业提供托管租赁服务。

（2）小镇经营性用房的租赁，依据规划定位，要优先与居民进行合作，为有此需求的居民提供物业增值的服务。

（3）小镇的良好运营、居民形成的强烈信任度，企业可以设置资金利用平台，一方面满足小镇开发运营的资金需求，另一方面满足居民的资金理财。

（七）重视小镇社区二手房的服务

（1）小镇二手房交易的影响。任何具有独立产权的房屋社区，都会存在房屋权属的变更和交易，小镇社区同样具有此类商业行为，但因为权属转让属于居民的个人正常商业行为，不归属新房交易，所以二手房的交易不归小镇统一管理，但若不进行引导和管理容易造成很多不良的影响，具体体现在以下方面：

第一，二手房的交易价格对小镇的新房售价影响较大。小镇因位置距离城市较远，小镇房屋的价值更多体现在优质的休闲度假服务和社群文化运营的基础之上，无法很好地享有城市房地产的价格环境，不同于城市社区的房价是以城市整体价格为支撑，这就使得二手房的价格对新房的价格影响较高，若二手房的价格普通偏低，则会影响小镇的新房售价和速度，尤其是已购房居民的信心，当房屋价格下降，会使小镇的整体现金状况产生不良反应。第二，小镇的社会生活圈是一个循环封闭的运行状态，二手房的交易量会直接影响小镇新房的销售速度。

（2）基于二手房对新房的影响力度，需要小镇对二手房进行有效的示范性市场行为引导。具体内容如下：

第一，成立二手房业务部门。社区传统的二手房服务，多为物业管理服务公司的服务内容，仅以服务居民和收取服务费用为主要目的，小镇的二手房服务部门，则需要独立存在，不能是物业服务的内容。

第二，就工作内容讲，一方面向居民提供交易服务并收取服务交易费用（但这不是二手房服务部门的主要职责）；另一方面可以进行专业的交易量、交易价格的监控，同时对交易情况进行分析，这是其主要工作目的。

第三，结合新房的售价，公示社区较高房源的价格，对二手房价格进行引导。

第四，急售房源价格较低的，可以以企业的名义进行回购，再以高价卖出，防止价格下行的任何可能性。

第五，二手房的交易服务，可以少量或免收服务费用，以专业的高品质服务，圈粘更多的潜在客户，避免流向其他中介机构，以加强对价格体系的保障。

第六，在管理架构方面，应与新房的营销部门为一体，保持日常信息的互通，保证业务的及时性、针对性和有效性。

有关二手房转让服务内容，需要由企业设置单独部门进行服务，一是可以掌握房屋的流动性以及对新居民的了解，二是可以对小镇房产价格实现一定的掌控，最终实现小镇房屋价格体系的完整性，同时使居民的房产得以保值增值。

早期的小镇，更注重产业的定位和运营，忽略了社区建设与生活，但小镇最终的发展，不管是生产经营，还是体验消费、口碑传播，都是要靠人，小镇在建设前、中、后等各个阶段，不管建设呈现情况如何、产业培育如何，唯一可以利用的就是人力资源，如何利用好人的作用，才是小镇良性开端的基础、平稳运营的保障，最终是要围绕人的生活需求、内在需求而进行。

二、主题文化社团：社群文化运营执行主体

（一）服务对象

社团的服务对象以全体居民、居民的家人为主，这是小镇社团服务的对象，也是纽带；可以是居民的亲朋好友及社会资源关系，这是小镇社群扩大小镇目标客户的主要形式，也是社团运行的主要目的之一；可以是产业或商业配套消费的非居民，是小镇的消费型会员但还不是小镇的业主居民；也应包括员工及其家

属，小镇的各个岗位员工与家人，是小镇生活、产业的直接参与者、体验者，身体力行是对小镇最好的践行与传播。

（二）搭建形式

小镇运营部门为总体管控，主要分为以下三部分：

（1）小镇各个社团的组织和活动安排；这是小镇社群和各个社团运行的核心。

社团专员：具有一定专业性特长或某一兴趣爱好者，为社团的责任人，归社群文化运营统一管理。负责社团的人员召集、活动组织、专业性策划、社团会员的发展等。意见领袖：社团是为居民而建，单纯的企业员工只是服务者，找到单一兴趣爱好的意见领袖，该居民一是兴趣爱好者且有一定的专长，二是要在兴趣圈内或亲朋好友圈内有一定的影响力，其负责兴趣爱好的主导、社团会员的引入等，但他不是工作人员，不负责具体活动的执行，是活动参与与专业性的主导者。

以兴趣爱好为纽带，由意见领袖、兴趣爱好的居民、社团专员及其他非居民的兴趣爱好者，共同组建成以兴趣命名的社团，确定社团章程、费用分摊、活动形式等基本运行规约。

最终社团要实现的是，完全由居民自主策划、组织、协调、费用支出等，社团专员只需要提供最基本的服务宣传即可。

（2）特色小镇内各个场地的管理和运行。社团的日常运行，除了居民家中与小镇外部的活动之外，还需要小镇内的场所和场地服务，主要有以下几种：

第一种是户外场地的使用。需要与物业管理服务公司进行协调，小镇的公共户外场地的归属由物业管理公司统一管理。

第二种是室内场地的使用。主要分为三类：第一类是专业性场地，需要有专业性设施或场地要求，如运动场馆、美食加工厨房等；第二类是非专业场地的利用与服务，即以商业配套服务空间为主，同时可以作为社群小社团的活动场所，可能是酒店会议厅，可能是食堂大厅，或者茶馆咖啡馆等不需要专业性配置的地方，只需要提供空间和基础服务即可，例如文化交流类社团、手工艺类等多数只需要空间；第三类是属于社团活动场所，社团活动和运营举办较好、影响力较大的，且可以对外日常展示的，可以有专属的场所。其中第一类专业性场地以及第二类非专业场地，是小镇的生活配套或商业配套设施，这些场所具有特定的功能，日常向居民和访客提供正常经营服务，并非是社团的专属场所，社团的使用原则是要支付一定的场地费用。

第三种是某一社团的专属场所，但场所本身不属于社团，也不属于某一个人，多数属于企业自持或待出售的功能性空间场所，一方面是社团日常活动需要有空间，另一方面是社团已经运行，具备了商业化的基础。所以具有独立空间的社团，需要开始尝试独立的商业化。

（3）小镇品牌部门统一进行构建与推广。一个企业和项目要有计划性的统一品牌建设，而不是简单地通过媒介告知，从小镇的角度讲，社群社团的运行需要以下几个品牌助力：

第一，小镇社群和每一个社团，都需要一个 LOGO，这个标志就代表了社团，标志设计的主元素要与社团的主题特点一致。

第二，由小镇和企业的品牌中心对每一个社团的 LOGO 进行审核、批准，要与小镇整体的 VI 相符，如标准色、运用元素、是否体现社团特点、小镇生活等。

第三，小镇除了外在形象标识标准与规范，还要进行排版与文案的规定，一方面是规范色彩与图片的运用，另一方面是规范不同宣传媒介的不同表现格式。

第四，依据小镇生活与产业特点、企业理念与发展愿景、小镇的品牌内涵等，要求社群与社团的理念与内涵，一方面要与社团的主题一致，另一方面还要与小镇、企业的品牌内容与内涵相契合。

第五，要在小镇和企业层面，由小镇的品牌部门，阶段性或不定期地对社群总体、重点社团进行宣传包装和推广。

第六，需要借助社会名人、名流，或在某一领域有很大影响力的行业名人，与小镇、社团进行互动，借以宣传和推广小镇。

第七，业务单位，如营销部门、产业服务部门，在宣传推广中，要以小镇生活与社团活动为主，避免树立过于商业化的形象。

第八，包装和推广意见领袖，以其个人或家庭的美好生活，向其他居民、访客真实呈现，尤其是在意见领袖的家中闲谈和参观，更能体现生活的真实感。

（三）社团的成立与分类

1. 关于社团成立的问题

在各个小镇里，社团的种类各式各样，例如马术会、跑步团、国学社、茶艺社、话剧团等，不是每一种都适合小镇。但每一种的社团类型原则上有以下几个标准和出发点：

首先，社团是否成立要与小镇的产业定位、生活定位以及实际资源和规划资源相匹配。若社团的主题为小镇已有资源，那么社团成立的硬性条件就好，是小镇社团成立的主要方向。例如跑步社团，每一个小镇都会有优美的环境与适合跑步的道路，社团较容易成立；再如美食社团，小镇多数都会有餐饮配套设施，配置有中西厨房设备和厨师，社团同样较易成立。即使社团的主题需求资源，小镇暂时没有，但因与小镇的定位相契合同时后期有规划的，可以暂缓成立。一般来讲，与小镇生活和产业定位相关的主题社团，资源性就较好、契合度就高，社团的成立与良好运营就较容易实现。

若无资源规划，但却对小镇的社群文化运营有较好的帮助的，经少量投入，通过采购、资源合作或建设等方式，比较容易实现的资源，也可以成立。如棋牌类社团，一般小镇在产业规划和商业配套规划时，不会单独进行棋牌室的规划，但棋牌是我国居民喜爱的项目，尤其符合老年人的娱乐，并且在社团成立前期，只需要采买一些棋牌类用具即可实现。若社团的主题需求资源，小镇规划中并没有，且投入成本较大、实现较难的，经过社群文化运营部门评估，可以放弃。这多指一些小镇中投资成本较高，同时与小镇的定位不符，并未进行配套和产业规划的主题。例如，若小镇位于我国中南部，有一些滑雪爱好的居民，则可以放弃成立滑雪社团，不仅小镇周边没有场地配套设施，而且小镇也不可能投资建设滑雪场；再如，位处缺乏水资源地区的小镇，有部分的帆船爱好者，则无法实现以此爱好为主题的社团组织。面对此类爱好者，可以通过其他社团的引导，满足其爱好需求，如旅行社团，可以冬季组织到北方地区，或到海边度假，以小镇和社群的名义进行活动。

其次，社团是否成立，要与小镇客户兴趣度情况相匹配。若目标主题社团有较多兴趣的居民，群众基础好、基数大，很容易产生影响力较大的居民，这就需要运营部门，找出意见领袖，与其一起并由其主导，以其身边资源的情况成立社团；若目标主题社团有较多兴趣的居民，但是暂时没有找出意见领袖的社团。一种原因是兴趣主题社团的目标群体本来较少，第二种原因是兴趣主题的专业性较强，普通的非专业的兴趣爱好者无法进行专业的主导，第三种原因是兴趣爱好者或邻里之间暂时不熟悉，因性格原因不愿意主导社团。这种有一定兴趣爱好者的基础，但缺少"意见领袖"的目标社团，需要在成立之初由社群文化运营部门进行主导，逐步培养或挖掘重点客户，激发潜在意见领袖的主动性、活跃度。

最后，若与小镇的生活定位、产业定位相符合，但社团暂无兴趣居民或居民参与人数很低的主题社团。出现这种情况的概率很小，因为任何主题项都会有一定的兴趣爱好者，暂时没有，或是因为目标群体主题没有体验的经历，或是因为居民体验的深度、次数不够，所以此类主题需要在成立初期，由社群文化运营部门进行主导性安排，通过主动邀约、深入沟通，引导居民参与体验，并对主题活动中出现的问题进行总结、整改，通过活动举办的质量和数量的增加，在小镇居民内传播和培养兴趣爱好，并逐步发掘出意见领袖。

综上可以发现，社团的建立不是随意性的，是要通过小镇与小镇居民的分析归类的。是否成立以及后期社团的运行，核心均是围绕小镇产业定位、生活定位的小镇资源情况，以及客户兴趣爱好的意见领袖。社团成立规则如表 3.1 所示。

表3.1　　　　　　　　特色小镇社团成立规则

居民兴趣	已有资源	可实现资源	规划资源	难实现资源
居民有兴趣 有意见领袖	成立； 意见领袖主导	可成立；意见 领袖主导	暂缓成立； 意见领袖圈粘	不成立；进 行其他引导
居民有兴趣 无意见领袖	成立，部门主 导；意见领袖 挖掘	成立，部门主 导；意见领袖 培养	暂缓成立；兴 趣培养和圈粘	不成立，其 他兴趣圈粘
居民无兴趣	成立； 培养兴趣	成立； 培养兴趣	暂缓成立； 前期引导	不成立

资料来源：作者自行整理。

2. 社团的分类

社团的分类是以居民的兴趣爱好为依据的，而居民的兴趣爱好就是居民生活方面的追求或需求的体现，所以对社团的分类，根本上是研究人的需求，而人的需求与现阶段社会生活、经济特点相关，与居民的社会层次、体验与经历相关。

人的基础需求按递进层次分为：常态生活内容（生活的基础）、身体健康的追求（健康生活的基础）、艺术的追求（艺术与感官美感带来的文化生活）、对真善美的精神追求（世界观、价值观、人生观基础上的道德伦理、价值体现的精神生活）。

（1）按常态生活内容进行主题分类。生活的构成就是吃、穿、住、用、行，围绕这五个方面进行社团的成立。

吃的方面，因为内容较为广泛，所以可以成立社团的主题较多，涉及的居民群体较广泛。例如可以成立美食社团，居民日常共享美食、展现各自的厨艺；还可以成立烘焙课堂，聚集家有孩子的父母，教授和共享烘焙成果，还有茶、咖啡、红酒等主题，都可以用来成立各类有关饮食的社团聚集居民。成立和聚集居民的难度较小，需要商业配套服务的厨师团队、设备和支持。

穿的方面，如旗袍会，目标群体主要以成年女性为主，聚集喜爱旗袍的居民；还可以以刺绣为主题成立刺绣会，吸引聚集刺绣爱好者。该主题的目标性较强，但居民的聚集难度不大，对意见领袖的需求性较强。

住的方面，更多体现在居住环境的美化，如成立花友会，以花会友，通过美化庭院、花草和果蔬的种植聚集居民，增进邻里关系等。该类活动主要针对有庭院的居民，所以居民的聚集度不难，但首先要对居民进行庭院美化的引导，需要景观类的专业人才协助居民和运营专员，后期的场地多以居民家为主。

用的方面，内容较为广泛，日常生活中除了明确的饮食、穿戴、庭院房屋、交通工具，都可以归类为"用"。如老家具社团，以各种老家具为社团主题，吸引具有一定古董欣赏能力、爱好的玩家；再如手表社团，以手表为中间载体，吸引的居民群体则较为高端。"用"的分类较复杂，小镇可以依据居民群体定位的不同，确定成立的主题方向，从而实现居民与居民资源的挖掘，"用"的主题方向，是小镇社群文化运营部门需要与其他业务部门，尤其是营销部门进行重点沟通，确定方向。

行的方面。主要是指交通工具类型，多数以收藏的交通工具为主，可以以单车、老爷车、摩托机车等为社团主题。此类主题的活动，门槛较高，但是目标居民特征清晰，属于选定主题的社团，成立与否多数视居民对主题资源的拥有状况，该类资源可遇不可求，成立难度较大。

（2）按健康的追求进行主题分类。健康的分类方式很多也较复杂，不同的学科理论依据存在很大的偏重或差异，虽然多数具有一定的共性，但是差异性形成了各类学科的特点和对健康的界定，例如营养学，偏重于从人体各种营养元素的情况对健康进行对比，西医主要从身体的情况与学科疾病的内涵符合度确定是否健康，中医是以气血、五脏六腑等身体内在是否阴阳平衡来确定健康的情况等。以相关学科的不同理论为依据的分类是专业性的区分方法，若是从普通大众的角度去进行分类，则有利于人的认识、判定、接受，一方面是基于人们日常生活的方方面面进行分类，另一方面这种分类，是与经济行业相吻合，没有了专业性的认知隔阂，较适合社团的分类定位，生活健康具体可以分为以下几个方面：

第一，饮食健康类。此类健康是最基本的健康形式。可以成立营养讲堂，以营养学为基础，教授和共享营养的知识和经验；与美食类社团有重叠，可以一体成立或进行联动，对营养学的知识、营养师有一定的需求，成立难度较小。

第二，运动健康类。日常的各类体育项目都可以作为社团的主题，从跑步、游泳、登山、穿越等到各种竞技类体育项目，都可以作为社团的主题。运动是最容易聚集居民的主题项，多数属于群体性质的活动，不论居民的层次，都会有一项运动爱好，所以运动健康的吸引力较强且种类较多，最容易成立和运行。但是，很多运动健康类的主题所需的专业性条件较高，鉴于群体的广泛性，需要小镇专业人员结合居民、小镇资源和定位等，对主题方向进行研究、筛选、确定。不可能成立所有运动主题的社团，如马术社团，需要跑马场、马厩，以及饲养员、驯养师的人力配置，且马匹的饲养和驯养标准较高、专业性较强，不一定适合所有小镇。类似投入较大、门槛较高的项目，再如水上运动、冬季运动项目、钓鱼、赛车和汽车拉力，甚至环境和资源浪费较大的高尔夫等，除非小镇主题的定位规划就是这些运动项目，否则，对小镇来讲很不经济。

第三，健康课堂。主要通过日常课程、分享交流的形式进行健康的传播，但更多的是知识层面的理论性内容，只能由个体通过接收健康知识的指导，在各自的生活中进行实践。健康课堂本身还可以细分，如成立中医课堂，通过传统的中医理论向居民传递各种健康的生活方式；其他健康类课堂的内容也很广泛，西医健康、运动健康等，这就需要依据小镇资源情况、健康主题方向的专业人士，由小镇运营部门进行健康主题的确定。

（3）按对艺术文化和感官美的追求进行主题分类。艺术类，主要是指以音乐、美术等艺术类的表现为主。例如以油画为主题的油画社，汇集油画爱好者，可以画出小镇的自然美、人文美；中国传统国画、书法、拓印、篆刻等，可以表现小镇的内涵，随着传统文化的复兴，这些传统的创作艺术，越来越受到人们的喜爱，未来的市场潜力较大；各类乐器为主题，如我国的古筝、二胡等，西洋乐器的萨克斯、钢琴、小提琴等，每一种乐器都可以成立一个社团，但乐器多数是以合奏或协奏的方式表演，所以乐器主题也可以分中乐团、西乐队。

文学类，该类主题主要是聚集一部分的文学爱好者，读书会、诗社、散文社团等，该类社团主要以文学创作、文学感悟的交流为主，即以文会友、以诗会友，借以抒发个人的情怀。此社团主要以具有一定文字功底、文学爱好的居民为主，成立门槛不高，但需要小镇运营部门对文学创作内容进行引导以作为小镇的宣传，同时汇集成册，体现居民文学创作的价值。

表演类，话剧社、合唱团、模特SHOW、舞蹈社团、戏曲社等。该类主题主要是展现个人才艺的表演平台，现代人越来越注重个人的爱好与情感展现，而表演的展现方式越来越具有群众基础，所以该类社团的成立基础较好，社团主题一般都会选择有专长的居民，可以带领其他居民共同发起、成立和组织活动，且主动性较强，社团成立较易，但是还需要社群文化运营部门，提供社团成员与专业表演人才、名家的互动交流。

民俗类，剪纸、泥塑、制陶、编制等传统民族手工技艺等。民俗类技艺一般是传统技艺与生活的结合，是生活文化的表现，民俗类的观赏性较强，该类社团的成立，主要针对民俗类的喜爱者；民俗技艺种类较多，单独一项技艺无法承担一个社团的需求，所以需要更多种民俗传统技艺，但多数以民间非物质传统文化遗产的形式存在，所以社团的成立需要有一定手工技艺的匠人或传承人作为辅助性开展，该类社团成立的门槛不高，更多的是技艺资源的不断引入或共创。

其他，如影视社团、摄影社团等。艺术带给人美感，是人对感官美追求一种方式，更是个人展现自我生活态度、思想意识的基础，这是丰富我国居民文化生活的主要方式，是社会文化发展、个人文化需求，与小镇商业化发展的契合之处。艺术主题的社团成立相对较容易，但往往需要专业人士的引领或不定期培训交流。

（4）按对精神富足的追求进行主题分类。思想类，主题多数通过读书、理论研究、事迹分析等方式，在社团活动中探讨、交流思想类主题和个人的思想见解，从而进行达到个人思想、道德、伦理、心理等层面的内在抒发，例如国学社，通过传统文化理论、古代名家的学术事迹等，主要交流儒、佛、道等文化的发展、演变及其中的哲理；又如哲学社，主题的主要方向是哲学，以中国思想、西方哲学、印度文化等世界范围内的思想文化为主要内容，进行分享交流，表现个人的世界观、人生观、价值观。

心理类，多数以人生幸福、家庭幸福、修心等基础课程教授交流为主，但并不是以心理问题为主的心理咨询，所以幸福课程是以幸福为前提的引导型服务，而不是问题型为前提的医治服务。

公益类，志愿会、义工帮、公益团等。可以给大家的社会公德和爱心提供释放、展现的端口，同时满足了居民的自我认可、社会认可的价值体现。活动本身的频次不需要太高，但每次的活动意义十分充足，企业和小镇要把这一类社团组织，作为小镇形象的一个重要内容，体现并真正做出很强的公益力和社会责任感，所以社团的成立较易，但需要企业承担更多的社会责任。

亲子教育课堂，此社团主要是与现代家庭人口结构有很大关系，子女的教育、亲子关系成为各位父母和家庭的重心，同时家庭的亲子关系，也是家庭难点。一个健康的家庭关系，是子女成长的关键，以亲子关系为主题的社团，需要引入外部的专业讲师。

（5）社团的发展是四个层次之间的递进。按主题归属进行社团的分类，但并不代表着社团的作用仅限所处的层次。一方面以上四个层次相互区别并逐级递进，由身体外在的需求，进入内在的心理需求，再升华的精神领域需求；另一方面各个层次之间相互交会，一些属于下一层次的又同时属于上一层次，同时下一层次的可以上升，一直到精神层面。

例如饮茶好茶，饮茶本是生活中一种爱好，不同的人喜欢饮用不同的茶品，不同的茶有不同炮制方式、品相味道，这属于第一层面；茶本身对人的身体是有健康作用的，常饮茶可有效利用茶多酚的健康因子，具有净化人的身体杂质、改善人体质的作用，这属于第二层面；随着社团对茶功效以及内涵的深入普及，居民对茶深入了解和体验，上升到对茶文化的了解和追求，茶有茶道，不同的茶有不同的饮用方式，当茶的饮用上升到艺术文化层次，居民会被茶的文化故事、历史传承吸引，并逐步发现并感受到茶道的艺术美、茶文化的魅力，这属于第三层面；茶文化的美感吸引着居民，当茶成了居民生活的重要内容，那么茶文化对居民的影响已经与居民融为一体，茶文化对居民的价值观影响也会逐渐呈现，日常生活的行为举止会无意识地流露或表现。所以，某一种需求和追求不只属于一个层次，是会随着居民的体验认知、习惯养成和感悟递进的，最终形成文化生活、精神生活。

一个好的社团，初级归类可以属于兴趣爱好的基础层面，但随着社团的运营发展，居民感受到的是艺术感，当艺术升华到一定程度，与人心灵共鸣，不仅体现出生活方式、文化艺术，而且启发了人的精神共鸣、价值观影响，那么这就是这个社团运营的最大成功。这也是一个社团从成立到成熟的发展模式和运营轨迹。

三、商业化运营：社群文化运营目标

目前，国内各大、小镇或者居住项目，多数的社群文化运营还是以开发企业的资金投入为主，只有少量地进行了社团的自我产业化发展。一方面是社群文化运营直接商业化本身产生的收入或利润，无法与小镇或房地产的开发相提并论；另一方面是小镇社群文化运营的目的，并不是要社群本身的收入，而是以服务居民，对居民进行信任度培养、消费习惯养成为主，以挖掘居民的圈层资源与深层次的消费。

按照一般的商业规律，一种模式只有形成良好的自我商业化，才更有活力，社群文化运营也如此，只有社群脱离开发企业，进行市场化、商业化运营，才可以更好地为居民服务以及社区文化建设。

（一）做好社群的商业化运营，首先要保证居民的文化活动参与性与体验

这是小镇社群文化运营的初衷。社群的运营是小镇运营的一个重要方面，社群文化运营是小镇生活、服务、产业等各板块的

综合性呈现与体验，代表着居民对小镇的认可度，所以社群文化运营不能为了追求一定的营业收入和利润，完全的商业化，因此，避免出现以下三个情况：

第一，社群文化运营多数是从企业投入开始，若作为商业化独立经营的服务项，不再免费，需要居民消费参与，没有居民参与的社群无法运行，同时在商业化前期不可因收费的问题造成居民服务感、体验感打折。

第二，因经费问题可能造成的专业人员流失应避免。目前人力资源市场上，专业性强或经验丰富的社群文化运营人员还很欠缺，人才就是财富，有了人才才会有社群的发展。

第三，不能因费用问题造成活动或体验品质下降，否则居民体验和消费若未达到心理预期或较前期下降，那么居民对小镇的认可度也会随之下降，容易舍本逐末。故即使把社团的各类活动、场所或场馆进行商业化经营，也必须保证社群文化运营的初衷，弱化功利化的形象。

另外，依据小镇运营的初衷，要坚持业主居民的优化原则，在费用收取标准方面，普通访客和其他消费者，要高于居民标准，保证居民的优化性、专属性、尊崇感，树立为居民服务的良好形象。

（二）做好社群的运营商业化，要从以下几个要点着手

第一，各类活动、场所日常运营的工作模块化、制度化、规范化，配置相关制度。各类活动举办、场所接待体验要完全的流程化，从各岗位人员配置、语言规范、环境与场地包装、投诉反馈与处理、应急措施、收费标准、成本支出等进行。

第二，要有健全的考核机制与动态监控机制。社群文化运营的商业化，不代表其可以恣意商业化，除了对日常运营工作的规范化，还要有对其各项运营指标的考核，其中服务体验满意度、支出与营收等作为主要考核项。同时对日常运营情况进行监控分析。一是了解真实的运营状况，进行自我调整；二是通过分析，了解商业化的社群文化运营对整个小镇的客户到访、客户消费等方面的影响，从而对其进行评估调整。

第三，社团商业化要根据活动项与场所实际情况逐步地推进商业化，同时开发企业的资金投入应保持备用状态。一个小镇不同的阶段，并非每一个活动项或场所都有商业化的能力，这就需要根据其日常运行情况、居民圈黏度、吸引力、专业深度、消费门槛等多种因素评估，这种差别决定了社群商业化只能逐步地据实进行，企业资金退出也要有计划性，否则会造成某一社群文化运营项的运行困难，甚至运营项无法持续下去直至取消。

第四，社团商业化要逐渐引入居民的共创。由社群文化运营部门负担运营项，除了进行投入，面临资金压力，还面临居民消费的市场开拓，引入居民的共创，一方面可以利用居民的圈层和外在资源；另一方面运营的获益，使居民对小镇和社群有更高的认可度，增加居民对小镇企业的忠诚度。

第五，不是所有的活动项和场馆都可以收取费用。特色小镇作为市场化的项目和开发企业，面对公益类组织活动或场所，不能赚取商业利益，不能向居民收取费用，而是应该发挥主动性承担社会责任；居民自发组织，且场地使用也在居民自己房屋或庭院内的，不占用企业或其他居民的公共资源的，社群文化运营部门也不能收取费用。

第六，社群文化运营商业化，要从浅入深，循序渐进。首先要从最基础的合理性服务收费入手。最先需要做的是增加配套服务的运营项，如就餐费用支出、文创产品的费用。其次由社群文化运营场所现场包装、活动耗材基础服务等硬性支出开始，再到场地功能使用费、基础服务费。这些费用的支出可由参与的居民和运营部门共同核算、分担；再视运营情况，进行居民参与的资格性收入。先从企业内部进行收费，做好示范，再到外部资源与居民的收费，如营销部门带领客户参加社区活动，需要由营销部门进行费用支付，其他员工参与活动需要缴费等；同时做好费用区分，居民收费标准要明显的低于外来访客的收费标准，体现业主的会员身份；总之，要带动和培养费用支出的消费习惯，不可一蹴而就，否则适得其反。

第七，费用支出的分配。相对小镇开发企业的经营利润和现金流量，社群文化运营部门的收入微不足道，所以运营收入，企业原则上不再进行资金外调或者经营性分红；这些收入用于社群文化运营的开支以及品质的提升，用于小镇的各项文化建设。要做到费用成本向社群文化运营活动参与度较高的个人的透明化，对于黏性较强、外部资源提供更多者，要给予收入的分配，实现一定的同创收益。增加其对社群的认可度、意愿度，从而由其扩大社群圈层。

四、实现企业效益：社群文化运营目的

小镇在定位、规划和开发建设初期，具有较大的难度，这时由创建企业通过资本、资源的投入，整合各种资源，实现了小镇的规模以及雏形，除了小镇前期环节，始终有两个问题自始至终困扰着创建企业以及企业的决策者，第一个问题是社群文化运营可以实现小镇和企业的经营效益，社群运营无法实现经营收入，也就无法实现小镇经济生态的良性循环，社群文化运营也就没有资金支持长期发展下去，如何实现社群文化运营向小镇企业的经济效益的转变？第二个问题是小镇开发主体企业终有退出小镇的时候，当没有企业资金支持时，如何进行持续的社群社团文化运营呢？这两个问题事关小镇的长期运营，不仅事关小镇和企业的经营，而且是小镇居民生活品质的保证、物业保值增值的保证。从根本上讲，两个问题是一个问题，如果实现了社群文化运营的

自我良好运行，那么以上两个问题就迎刃而解。实现手段就是通过会员制把消费、经营、同创进行融合，以实现小镇、社群运营、会员的多方共赢。

（1）小镇的生活方式体现，除了社群文化运营的专属部门，还要有小镇主产业和生活配套的各种经营体，向各类消费者提供各项休闲度假、生活类产品和服务，这就需要一个统一的经营管理部门，同时该经营管理部门要有资源整合的权限。以小镇的商业配套设施为例，向居民和访客提供各种休闲度假和生活的产品和服务，作为经营服务场所，提供的产品和服务内容仅限于在各自业务范围内，无法在小镇整体层面进行运营以实现资源和价值的流通，这就需要小镇设置经营管理部，整合各种商业产品和服务，进行体系化运行，一方面可以为这些商业经营提供服务和管理，例如经营考核、采购、人力配置、经营计划等，另一方面可以跨部门协作，实现经营业务与社群文化运营的融合。

各个经营体具有经营权，传统商业经营还有客户的预定、预约服务，消费过程中的投诉和建议服务，但是作为小镇的服务体系，还要设置经营服务的客服部门，统一进行各类经营项的服务。从居民生活和消费角度讲，极大地方便了居民的消费，除了现场消费，当需要预约、预订类服务或者消费种类较多时，只需要与一个服务端口确认即可，从企业服务角度讲，可以减少经营体单独处理消费问题的境况，由统一的客户服务部门处理会更利于客户的服务，由该部门统一向客户提供产品和服务的预约和预定、投诉和建议、新产品和服务项等，可以很好地掌握和分析客户消费习惯和动向，向经营管理部门提出消费报告，使企业对经营活动进行科学的调整。

（2）由社团活动扩大和圈粘的新客户，成为长期消费客户有两种方式。第一种方式是通过访客对产品和服务的消费体验，如特色餐饮、住宿、社团活动等，于消费和体验的过程中传递小镇的美好生活方式，用良好的感受使访客主动重复消费，进而成为小镇居民；鉴于普通访客终究是外来流量人口，为了体现居民的特殊身份，把小镇居民统一定为会员，与外来非居民访客进行区分，通过商品的消费价格与服务实现增值，如在商品销售价格方面，居民会员享有的价格要明显低于访客价格，在增值服务方面设置只对居民会员提供服务的专属场所、住宿延时，或者必须由居民会员介绍方可享有增值服务等。这种区别居民与外来访客的服务设置，一方面体现了对居民的服务性，另一方面也增加了小镇的盈收，虽然普通的商品消费并不能产生大量的资金流和利润，但长期的良性运营，即使开发企业退出小镇的管理和运营，同样可以实现经营体的盈利，以此维持与社群文化运营的良性运行。该种方式适合具有鲜明文旅休闲度假的小镇，且经营体经营已达较成熟的阶段，除了居民会员的消费，大量的流量型访客同样可以有效地支撑小镇的运营。该类方式不足之处在于，当流量型客户数量减少，会对小镇的运营产生很大影响，同时该类会员卡的充值额度不大，并非固定的大面额的卡，只是圈粘了未来消费行为，但不会对企业发展提供大量的现金支持，同时针对居民会员的服务性并未扩大至客户圈层，所以该种形式主要是依靠社群文化运营锁定新客户，卡本身并不具备锁定客户的功能。

第二种方式是设置一定面额的会员卡，对外发售，不再区分居民会员与非居民的外来会员，二者享有同等的售价与服务项。圈层亲友虽然不是小镇居民，但是通过社团活动的参与与体验，对小镇的生活方式有了认知和认可，其为了长期享有这种生活方式和服务，就需要购买会员卡来实现；会员卡的设置不是以小镇或企业的名义进行发行，而是设置消费权益内容，主要以小镇经营服务项和日常生活必需项为主，例如餐饮、居住权、理疗、运动等，同时附以参与社团活动的权益，不同会员卡的主要权益内容不一样，有以健康理疗服务为主题的会员卡，有以住宿餐饮为主题的会员卡，也有以运动服务为主题的会员卡，更有把房车等大宗度假商品与服务，设置为主权益向会员发售，如京北区域海坨山谷冬奥小镇发行的房车会员卡，面额高达 100 万元。具体以何种主题为权益项，这就需要与小镇的主产业、生活商业配套设施、居民和客户需求相结合。这种会员卡的优势是，企业可以通过会员卡发行，扩大目标客户群体，实现对客户的筛选、定位和锁定，同时通过分析会员客户的消费习惯，可以及时调整经营项，鉴于会员卡面额固定，成为会员需要一次性支付卡面额相等的资金，企业可以一次性回拢较大额度的资金，解决小镇发展特别是前期资金短缺的现状，实现了社群文化运营与企业经营的融合关联。与第一种方式不同，该种方式不仅通过社群文化运营实现目标客户群体的扩大和圈粘，而且发行会员卡可以持续扩大和圈粘更多客户，这是两种方式目的的共性，即均可以达到小镇经营和服务项得以实现长期良性运行，但该种方式的商业运营模式较前一种更为完善和成熟，这种提前实现客户积累、客户消费习惯研究以及资金的提前回笼，大大降低了企业的经营风险，但不足之处是这种模式会把风险转嫁至消费者身上，当小镇和企业经营服务能力与产品能力不足时，会造成客户消费的体验不足，甚至无法行使会员卡中的权益，这就需要企业对发行卡的数量进行管控。需要注意的是会员卡的面值和权益内容的设置，主要参考两个方面，一方面要结合小镇的经营内容与客户的需求，找出可行项，而后依据目标客户的实际消费支付能力，设置权益数量和卡面值，一方面是依据权益项拟定权益内容和面值，对会员卡发行的总成本，包含产品和服务成本、卡销售成本、税费、经营利润等，对权益量进行微调。该种方式更适合商业运营尚处于初期的小镇，特别是尚处于建设阶段的小镇，可以较快地实现客户积累、生活方式传递、资金回笼等，该种方式并不完全适用于成熟经营特别是没有二级房地产开发的小镇，否则只会增加小镇和企业的资金负担，若小镇开发企业退出小镇的管理与经营，或小镇开发建设和经营进入较成熟的阶段，应转化为第一种方式。

第三种方式是针对已成为小镇和企业会员的目标客户，进行同创。该阶段和方法，为第一、第二种方式的进阶，针对会员的同创有多种，其中常用的同创方式是资本同创。

资本同创是由小镇开发企业针对小镇会员发行的，按照会员实际购买金额和一定的年化收益率，依据实际购买天数，给予会员同创收益，该卡的发行一方面可以实现企业的资本利用，另一方面能为客户带来闲散资金的收益。较消费类会员卡，该卡的卡面额度较大，依据目标客户的资金状况，发行面值从数十万至数百万均可，卡产品的年化收益率结合市场理财产品、银行和信托机构的贷款利率等进行确定，多数集中在6%～15%，当国家金融政策宽松，市场资金较充裕、融资较易且成本低时，可以发行与银行商业贷款利率水平相当的收益产品，多数集中在6%～8%之间，当国家金融政策紧缩，市场资金不宽裕、融资难度较大成本较高时，可以大大高出银行商业贷款利率，多数集中在8%～15%之间；考虑到资金利用，卡有效期多数集中在1～3年，不足1年会对企业的资金利用产生不便，发行时间过长影响居民的资金使用与资金安全，不利于会员的购买，当有效期满，小镇企业需向会员支付应得年化收益以及会员卡本金；该类产品虽然不是金融产品但具有类金融的性质，单纯的发行卡产品，一方面不符合金融的相关政策和导向，另一方面会引起会员对资金安全性的担心，故小镇开发企业可以以待售的房产作为对应标的物，即购买一个卡产品可以对应一处房产，同时对应的物业价值要远高于卡产品的额度，以房产为类抵押性质的标的物，故卡产品的发行总金额除了要依据企业资金需求状况，还要依据可以对应的房产价值而定，发行的单个产品面额和数量，除了要依据目标会员的资金实力，还要参考对应单户房产的价值和数量，鉴于国家相关政策规范，购买人必须是会员，不得对外发售。通过资本同创，可以实现社群文化运营与企业资金利用的有效结合，如果说消费类会员卡的发行，圈粘了社群文化运营的增量客群，实现了经营的良性运行，那么资本同创卡的发行，实现了企业资金短缺的问题；会员的生活与消费体验、资金收益，更加大了会员的认可度和信任度，从而带动更多的亲朋好友进入小镇，进一步实现了社群文化运营的效果。在资本同创权益设置时，可以给予资本同创会员，享有卡产品对应房产优先优惠的购买权利，以与二级房地产开发的运营进行关联，提前确定购房类客户，当目标会员最终实现购房，则会员用于购买资本同创的本金和收益，可以直接转化为购房款项，即等同于企业以会员卡的方式，提前预收了房屋款项，由企业的负债直接变为小镇经营收入，但这需要与小镇房产的开发进度相结合，当小镇的房产满足预售条件时方可转变款项的性质；另外，通过与房产的关联，企业销售部门员工可以与会员进行沟通确认，提前知晓会员对房产的意向情况，当实际购房意向人数大于或等于房屋数量时，则小镇开发需要加快开发进度，进一步提供更多的房产产品，当购房意向人数较少时，则需要通过与会员的沟通了解小镇或房产的不足之处，甚至调整早期的规划意向与产品类型，从而实现合理调整以及资金的使用安排。

（3）文化社团的运行，是企业采用会员制商业模式的前提。会员制在小镇的实际运用主要有两种方式，即消费类会员卡、资本同创会员卡，不论哪一种方式，首先都需要社群文化运营对目标客户的圈粘与服务，使目标客户对小镇的生活方式、企业的责任心产生很强的认可度和信任度，以使其愿意向身边的亲朋好友推介他的感受和美好，如果一个小镇和企业没有进行文化社团的运行或者以其他形式进行社群文化建设的，那么会员制的进程均有很大的难度，没有生活方式的构建展示、没有社区文化生活的气氛，就没有圈层有效的新客户，社团文化运营与会员制的商业模式是统一的、互为支撑的，均属于社群运营商业模式的一个环节，小镇和企业无法跳过社团运行的环节而直接进行会员制的模式，否则会员制缺乏支撑，最终无法实现商业目的。

五、适用、坚持、协同：社群文化运营的关键词

（一）明确社群文化运营适用的企业类型

任何一种经营模式、运营模式或者盈利模式，都有自己的特点，依据特点，均有一定的适用性，运营主体或开发企业，切不可盲目跟风，并非只要投入大量的资金和人力成本，就可以产生社群文化运营的良好效益。

（1）不适用于生产产业型的特色小镇，主要以浙江模式的特色小镇类型为主。并不是说这类小镇不可以做社群文化运营，社群文化运营始终对特色小镇的整体运营起正向积极的推动作用，这里所说的适用性是指投入与社群文化运营可能带来的效益是否达到预期，简单点说是"值不值"。因为该类特色小镇是以产业为核心，一是产业本身多属于生产型、技术型，以前端为主；二是产业本身并非直接面对终端，小镇的社会生态圈中"人"的重要性不太突出，而社群是以"人"为中心进行的运营模式，所以目标不太相符。社群的运营肯定会产生一定的积极作用，所以社群的运营只有效益大小，没有对错之分，是否进行社群的运营，需要开发和运营企业，对社群的投入、企业人力结构进行评判，通过对人力、资金、空间需求三大基础方面的评估，结合投入运营后可能产生的效果，能否达

到企业的需求。

（2）大中型企业的社群文化运营面临的难度较大。从目前较为成功的社群文化运营小镇项目来看，多数为中小型开发企业运营成功，基本没有大型品牌企业的典型性案例。

一方面是中小型企业具有较强的灵活性，战略方向和商业模式调整速度快，执行流程的环节少，企业实际控制人的理念与经营方式可以很好地落地；另一方面是中小型企业的项目较少，企业的运营和利润来源较少，只能依靠现有项目，具有较强的生存压力和发展需求，所以具有大量时间精力、资源资金深入研究目标客户的消费需求和服务需求，灵活和有效的资源、资金集中能力。

反观大型企业，多数为上市公司，企业的实际执行团队并不是资方，所以多数企业的运行以经营业绩为目的，这些企业多数是以大体量的开发和大量的现金流来进行企业的发展，在社群的运营方面，相比中小型企业并不具备优势。所以是否进行社群的打造与运营，除了依托所要创建的项目，还需要依据企业的特点进行评估，企业的机制一定程度上影响了社群文化运营的模式。

（3）适用于"服务型产业＋文旅＋社区"的特色小镇以及房地产远近郊开发项目。特色小镇的最终目的不是为了生产某一件商品、开展某一项服务，更不是为了扩大某一个文化影响力，而是要实现特色小镇这一小型社会生态圈的正常运转、以人为本的生活品质的提高升级。

（二）小镇的社群文化运营，企业决策层要坚持长期投入与主动引领

企业决策层如果没有长期投入和坚持的决心，可以直接排除采用社群文化运营的经营模式。社群文化运营是一个企业战略发展思路和模式，不仅涉及企业内部管理结构和机制的调整，而且需要企业另行投入大量的人力物力、运营场所以及外部资源，这些都需要企业投入大量的资金，即使通过文化社团自身的商业化经营，也不能产生较大资金流和利润，社群文化运营是一个长期投入、长期回报的发展模式，这对企业经营是一个很大的负重，企业的决策层和高级管理层背负着巨大的经营压力，如若不能坚持，会造成企业资金资源的大量浪费，还会在居民、业主圈层中形成较大的负面影响，对小镇的长期发展十分不利，所以企业决策者要在评估企业自身各种资源的前提下，认真评估是否进行社群文化运营，一旦开始则无法停止。

另外，社群文化运营的参与，要求企业的每位员工都要积极参与，这就需要企业决策者和每一个管理者，必须亲力亲为，依据个人特征与各个社团会员情况进行分工，主动参与并承担文化社团的运行和引领。在主题文化社团成立的选择阶段，如若没有

居民、业主的积极参与，经评估某一主题对社群文化运营具有重要作用，这就需要企业决策层和高层管理人员，主动承担组织工作，并且以重要社团成员的身份，参与社团活动计划的制定和策划，组织和引领社团及社团活动的运行；对于由意见领袖参与组织的文化社团，要与社团专员密切沟通，主动参与到主题中来，与社团成员融合为一体，建立良好的社团会员关系，并在社团发展过程中发现社团运行及社团会员反映的问题，即刻解决，从而做好服务。只有决策者和管理者亲身参与并引领某一文化社团，才能及时高效地发现和及时调整社团运行的问题，才能与社团会员成为朋友，第一时间发现居民在小镇生活、消费中的问题，并能融合和服务以及解决问题，使社团成员、会员成为小镇的潜在消费力。特别是特色小镇创建的早期，没有居民常住，此时除了靠样板展示与体验打动访客，还需要企业提前开展社群文化运营工作，向客户和居民展现小镇未来的美好生活方式，通过社团文化活动吸引居民的到访，引起消费与居住，从而在小镇的前期提供首批客源。此时是小镇运营的起步阶段，也是小镇发展最为艰难的时段，企业虽已进行大量的资金投资，但小镇仍是人流不足、配套欠缺，这就需要企业的决策者亲力亲为，冲在社团活动的第一线，引领社团早期的运行。

（三）社群文化运营核心工作项介入与其他业务的节点安排

小镇的发展，离不开企业架构下开发建设、营销品牌、产业运营、社群运营等各个部门的协同作业，每个部门的工作推进和完成情况，不仅决定着本部门工作的结果和下一步工作计划，而且也决定着其他部门的工作执行安排和完成概率，各部门之间不仅有工作之间的协作流程，而且还有时间节点的协同。社群文化运营作为直接服务居民和会员的部门，其工作进展的推进速度，受开发建设、营销品牌、产业运营、经营体经营等部门的工作进展影响较大，社群文化运营不是单独割裂的，而是小镇整体运行下各部门有机协同的共同作用，故小镇不同阶段的特点决定了各部门阶段性关键工作的主要节点安排，也决定了社群文化运营不同阶段的工作模式和节点安排。具体可以分为小镇定位、小镇建设、小镇成型三个阶段，依据时间推进，具体业务板块内容如表3.2所示。

案例一：国内某小镇种植与生活的结合社团——花友会

一、社团名称

花友会，Flowerclub

二、社团简介

社团口号：探索花园里的幸福基因

社团理念：为小镇乡民的鲜花种植问题方式做解答，花友会也是小镇乡民共享自己劳动成果的平台，小镇花友会，汇集了一群热爱园艺的生活家，他们以锄头做大地的画笔，汇合清风与暖

表 3.2　特色小镇各发展阶段主要协同工作项要点

业务板块	小镇定位阶段		小镇建设阶段					建设完毕阶段		
	小镇规划（用地规划）	总体规划	修规指标	修规完成	施工图完成	开工建设	达到预售条件	建设完工	售后保修	整体成型
规划建设（报批报建）	土地流转	建设用地取得	拆迁安置推动	建设规划许可证取得	施工证取得	预售办理	预售证取得	各类验收合格	交付入住	—
营销工作	房产定位	房产产品选型	消费会员卡制定发行	资本同创卡设计发行	持续发行各类卡	持续发行各类卡	房产销售手续办理	持续销售和回笼资金	物业公司开始为业主服务	不动产业持续
宣传推广	品牌内涵构建	品牌活动和宣传	品牌活动和宣传	卡权益主题的生活方式	持续宣传和品牌活动	持续宣传和品牌活动	房产宣传和品牌活动	小镇生活	产业和社群宣传	产业和社群的宣传
各经营体	前期可实现经营定位	配建和原址建筑改造	食宿、农旅初级功能	经营问题总结	改善经营服务	场地建设	场地交付	经营运营	自主经营	逐渐实现盈利
产业运营	产业定位	流转地使用	客服部成立开始运行	扩大经营的计划	人力资源筹备	扩大经营筹备	产业逐渐完备	自主经营计划	脱离企业依赖自主经营	经营管理和考核
社群运营	社团运行人员就位	健康和农耕主题的活动计划	活动推动	增加产业活类主题	人才培养储备	扩大活动量和主题项	持续圈粉	入住后社团运行计划	人住情况下日常运行	商业化社营、试运营二手房服务
其他	市场形象树立与客户初识		需要大量客户到访和客户积累					小镇开发创建企业逐渐退出		

资料来源：作者整理。

阳，描绘出一个七彩的世界，更收获了土地的珍贵馈赠，创造视觉艺术，点燃生活本真，共同实践人生幸福梦想。

花友会三大品牌展开活动："最美花园""土豆节""花友课堂"系列，年度"最美花园"评选；花园探访指导、花园下午茶、土豆节丰收庆典、组织参加社会花艺展览、花房微景观、多肉盆栽等。

三、社团发展历程

2009 年 10 月 17 日以"丰收下午茶"命名的第一届"小镇土豆节"召开，约 80 户乡民百余人参与活动，会中众人约定每年金秋十月惯例举行，2009 年是小镇花友会元年。

2010 年，由王老师牵头，邀约著名园艺家和十多名小镇花友编辑出版了小镇第一本大众普及读物《小镇花园手册》，迄今已改版 2 次，发行数千册，是小镇最早发行量最大的出版物之一。

2011 年 5 月 14 日以"小镇花园日"名义正式宣布"小镇花友会"成立，并宣布每年以庆丰收幸福小镇为体裁，定于当年国庆假日期间举办"小镇土豆节"，迄今已连续举办八届，成为小镇唯一一个乡民广泛参与自娱自乐的传统节日。

四、核心成员

王老师：资深花友，小镇园艺领军人物，小镇园艺大使，著名的园艺生活家

刘老师：资深花友，花友会副会长，园艺技能达人

金老师：花友会副会长，经验丰富的植花人

田老师：资深花卉试验者

五、社团文创介绍

完成了文创产品：手工香皂、新娘的嫁妆香烛、花茶、果干、手工干花押花、微景观系列、多肉植物种植等，其中前四种已实现产品对酒店等经营体的供应。

案例二：国内某企业资本同创卡的相关规范

×× 公司资本同创卡管理办法（部分）

随着企业各小镇项目销售工作的推进，小镇会员人数快速增加，特制定企业资本同创卡管理办法，具体内容如下：

一、资本同创卡发行目的

为前置营销工作、积累有效客户并与业主同创，通过发行资本同创卡，快速收回投资，达到项目投资收益最大化。

二、资本同创卡方案的制定与发行

1. 资本同创卡方案的制定与发行原则

（1）未取得预售许可证的项目，依据产品类型与潜在客户需求，推出不同类型、面值的资本同创卡产品，并与客户签订资本同创卡协议。

（2）资本同创卡发行日至预估预售证取得日期时距不得少

于6个月；已取得预售许可证的，不得发行资本同创卡。

（3）各房地产开发项目法人公司为资本同创卡产品的发行与收款主体单位。

（4）资本同创卡有效期限最长为1年，有效期内项目取得预售许可证的，停止发行资本同创卡；有效期限内项目未取得预售许可证的，资本同创卡有效期延续或另行与购卡人约定。

（5）一张资本同创卡必须且只能对应一套房产。

（6）资本同创卡到期退卡日期界定为项目预售证取得日期。

（7）享有现金出资额的年化收益、现金出资对应房产的溢价分成，各项目在拟定所需资本同创卡方案时，可根据项目销售需求对相关权益进行合理调整和取舍，其中年化收益率不得高于出资额的8%。

2. 资本同创卡产品的购买

仅消费会员卡会员可购买资本同创卡，并以现金形式出资购买，项目法人公司与其签订《借款协议》及各种相关协议。

三、资本同创卡收益的清算

（1）在有效期满时清算资本同创卡权益，清算内容包括购卡本金、购卡本金的年化收益、购买房产的溢价分成。

（2）资本同创卡权益到期清算原则。当购卡人自行购买资本同创卡所对应房产时，购卡人可收回以下款项：购卡本金、购卡本金的年化收益，清算完成后，购卡人按销售流程办理购房手续。

（3）资本同创卡购买人获取的收益，需凭资金使用费发票，依据财务相关规定进行核销。

（4）购卡人所对应的房产销售完成时（《商品房买卖合同》签订完成），小镇项目部通知购卡人签订返款协议（不含购卡人自行购买对应房产的），自我方完成退款之日起停止计算年化收益，并在双方签订完成返款协议之日起 60 日之内完成退款。

四、卡审批要求

卡产品方案由申报单位于卡拟发行日期至少 15 日前提报总部开发建设管理中心审核，开发管理中心组织卡产品评审小组进行评审，评审以会议（或微信）形式通过后，由申报单位提报系统工作流程流转审批，经开发建设管理中心总经理审核后，由总裁行使一票否决权。

第四章

黄帝文化融入特色小镇
社群文化建设实践

以上对特色小镇内在结构和发展、社群文化运营以及企业经营、社团成立和运行等理论方面进行了分析，特别对实践模式进行了了解，对于小镇与小镇创建企业来讲，更重要的是如何把社群文化运营的这些理论和模式与实际案例结合，特别是实现社群文化运营与企业经营效益关联，这是企业关注的重点。本章以黄帝文化地域为特色小镇所在地，对小镇的文化、产业和社群文化进行呈现、实践模拟，具体分为四部分主要内容：第一部分为黄帝文化与特色小镇的主产业定位和文化定位，以使文化和产业在社团文化、会员卡权益于发行时落地，该部分是小镇所有工作的基础与出发点；第二部分为文化和产业定位下的企业架构与社群文化运营架构设置，完善的人力配置和管理机制是社群和社团运行的基础条件；第三部分为文化社团的运行管理，其中活动管理、考核机制等执行细则是社团运行的重要内容；第四部分为会员卡发行的权益和收益设计构成（重点为资本与房屋同创建议），会员的权益消费模式、收益同创等事关客户的体验与小镇口碑，直接影响企业和小镇的经营状况与资金状况。

第一节

黄帝文化与特色小镇的定位

一、黄帝文化属地资源概述

（一）黄帝文化资源的分布情况

通过对黄帝遗址的梳理，我们发现黄帝活动以及黄帝文化产生地的区域，主要集中在郑州市区以南、新密市区东南、新郑市区及市区西、具茨山周边以北的地区。主要分布行政区域以新密市的刘寨镇和曲梁镇、苟堂镇、大隗镇，新郑市市区、辛店镇、具茨山为主，及其他零星分布区域。区域整体临近郑州市，除了新郑市区，基本以乡镇和农村为主，该区域内聚集了黄帝文化遗址近100处，其中又以以下几个片区为主：

（1）新郑市区黄帝故里为中心区域的地区。黄帝文化在此区域主要以有熊国古遗迹为主，有黄帝故里祠、少典陵、轩辕桥、黄帝城、三皇庙、仓颉造字台等，其中又以黄帝故里景区为主；该区域基本位于新郑市的城区，居民生活以城市化特点为主；城区内的黄帝故里景区，日常为当地居民休憩之地，也是郑州市区居民观光地之一，每年农历三月三拜祖大典之时，来自海内外的华人华侨及港澳台地区的同胞，来到此地共祭轩辕，是我国根亲文化建设的主要示范地，具有很强的品牌力和影响力。

（2）轩辕丘为中心的周边区域。该区域古遗迹具有两大特点，一是以有熊氏遗址为主，以有熊氏之墟、轩辕丘（黄帝出生地）等为主；另一是以云岩宫、黄路坡、藏符涧、武定岗、风后八阵图碑、力牧台等为主的古军事遗址；该区域临近郑州市南城区仅 10 余公里，片区内有曲梁服装工业园区，创建有两个特色小镇，即刘寨镇行政区内的银基国际旅游度假区和临近的曲梁镇范围内的绿地溱水小镇，曲梁服装工业园区以及两个特色小镇的建设，使区域经济以度假与商贸物流为主。

（3）具茨山区域。该区域是黄帝文化遗址遗迹集中的核心区域，共计 40 余处，占所有黄帝文化遗址的 40% 以上。具茨山是中岳嵩山的余脉由西向东延伸 50 余公里，新郑、新密、禹州三地交界地，但黄帝文化的主要遗址集中在具茨山管委会和新密苟堂镇境内。其中，始祖山是国家三A级景区主峰（也称风后岭或风后顶），全国侨联爱国主义教育基地，日常吸引了郑州市内居民的造访，始祖山是黄帝文化遗址中，知名度仅次于黄帝故里的文化遗迹，其中最为知名的是具茨山岩画；区域内不仅有天心石、嫘祖桑园、洪堤、黄帝迎日峰等文化类遗址，还有历史文化名山，如风后岭、大鸿城（大鸿寨）、力牧峰、大隗山等，更有风后兵书亭、风后城、黄帝屯兵洞等古军事遗址。苟堂镇不仅具有传统的文化类遗址，而且其最大的特点是岐黄文化的发源地，该区域内有岐伯泉、岐伯墓、岐伯山等岐黄文化发祥地遗址，其中，苟堂镇槐树岭村雷公台古遗址传为《黄帝内经》中与黄帝讨论医药问题之人——雷公的纪念地。该区域是黄帝文化自然环境最佳之处，也是黄帝活动与文化遗址最多、种类最丰富之处，更是黄帝问医岐伯的岐黄文化发祥地，且与《黄帝内经》成书有关联，整体的文化结构与内容丰富。苟堂镇天然风光较好，种植有金银花、艾草等中草药经济作物；同时，相对于其他距离郑州市、新郑市、新密市较近乡镇城镇化开发走在前列，苟堂镇仍有大量的农业种植。

（4）其他地区。大隗镇因纪念黄帝老师大隗而命名，亦修德观·卧龙台、七圣庙、大隗真人祠等多处古遗址，但大隗镇交通位置较其他乡镇偏远，不利于游人的到访。辛店镇也是黄帝文化遗址较集中的地区，有少典祠、黄帝饮马泉、黄帝造指南车处、嫘祖嬷母祠等遗址,但辛店镇因煤矿的开采,生态环境较差。还有其他较为分散的文化遗址,多是零星分布,知名度不高,无法形成文化的集中。

(二) 黄帝文化分布区域的交通情况

因郑州市处区域北边,区域内的主要交通线是以南北为主,南北交通主要动线是郑栾高速,从郑州市二七区经由侯寨站,沿郑栾(郑州至洛阳市栾川县)高速行驶至新郑西站的区间(约长30公里,以高速公路的车行速度计算,需20分钟左右);同时,在该行驶区间内,普通郑州市蓝牌牌照9座及以下小轿车,免收通行费用;东西方向并非主要人流、物流方向,实际使用频率较低,对整体区域的资源流动作用较小。

以上黄帝文化遗址区域内,黄帝故里为黄帝拜祖大典的活动和基地,始祖山具有浓厚的人文和自然风景资源,同时还有岐黄中医文化发祥的人文遗址,中草药、果蔬和粮食作物,涵盖了黄帝文化的三大分支文化内容,即根亲文化、岐黄文化、农耕文化。区域背靠郑州这一国家中心城市,结合良好的交通条件与自然资源,小镇的市场前景与硬件条件已具备,小镇具备居民常住和到访的基础条件,而常住居民又是社群文化活动组织和开展的基础,没有人的社区就没有办法举办任何社区活动,文化生活、运营、创建也就无从谈起。

二、影响黄帝文化属地特色小镇发展定位的宏观因素

（一）国家指导性政策

1. 乡村振兴政策

2019 年 6 月 28 日，国务院下发《国务院关于促进乡村产业振兴的指导意见》，其中乡村振兴的指导思想中的发展路径，"围绕农村一二三产业融合发展，与脱贫攻坚有效衔接、与城镇化联动推进，充分挖掘乡村多种功能和价值，聚焦重点产业，聚集资源要素"。① 该文件精神的导向和要求是对特色小镇发展思路的强有力支持，主要体现为以下方面：一是实现乡村三大产业融合发展的基本思路，要求小镇在产业整体定位、规划设计时，要从一二三产业整体的融合性发展出发；二是与脱贫攻坚相衔接，特色小镇在发展过程中，尤其在产业结构与发展中，不仅要向当地进行基础的资金投入，还要与地方原居民进行产业共创，实现收入的增加；三是加快城镇化进程，基本实现方式就是属地城镇化，特色小镇以及周边人口的城镇化、基础设施与配套资源的升级；四是挖掘乡村功能和价值。以地方资源与产业资源特点，作为产业整合方向。

---

① 国务院. 国务院关于促进乡村产业振兴的指导意见，2019（6）.

国家政策的引导性，是小镇社群文化运营主题设计的一个方向，结合农业观光、耕作体验、健康食材，作为小镇文化产业和农业产业的重要内容，社群文化在日常运营过程中的主题与活动要与其相结合。

2. 健康中国行动

2019年7月9日，健康中国行动推进委员会发布《健康中国行动（2019—2030年）》，提出未来十年的全民健康目标：到2030年，全民健康素养水平大幅提升，健康生活方式基本普及，实现居民人均寿命、健康指标的大幅提高[①]。7月15日国务院随之发布《国务院关于实施健康中国行动的意见》，内容的指导思想指出，"服务方式从以治病为中心转变为以人民健康为中心，建立健全健康教育体系，普及健康知识，引导群众建立正确健康观，加强早期干预，形成有利于健康的生活方式、生态环境和社会环境，延长健康寿命"[②]。并对目标的达成提出了实现的任务和路径，主要包含5个方面：通过健康知识的普及，以居民健康行为和健康能力提高全民的健康素养；提高居民健康的主动性和自律性，形成契合个体和个体家庭的健康生活方式，主要体现在饮食健康、运动健康、控烟限酒、心理健康四大方面；通过心理健康、精神卫生的服务网络、人才

---

① 健康中国行动推进委员会. 健康中国行动（2019—2030年），2019（7）.
② 国务院. 国务院关于实施健康中国行动的意见，2019（7）.

培养等体系性建设，达到遏制心理疾病的上升和提高心理健康素养的目的；通过发挥由个体、家庭到单位、社区（村）的能动性，形成个体与团体良好健康局面的主动性和社会性，以实现健康中国的十年目标；通过环境的保护和健康，实现居民的健康。

国家政策的公布和目标的发出，为健康产业的市场化提供了制度保障，特别是通过发挥团体，如单位、社区的力量，形成合力，把健康理念、健康知识传播出去，把基础的健康技能传授出去，最终形成健康的生活方式。国家的大力推进和重视，国民健康意识的提高，健康成为未来朝阳产业之一，这对特色小镇产业定位，尤其是以中医康养为题的小镇社群运营提供了发展方向。

3. 文化产业政策

2019 年 12 月底，全国人大公布了《中华人民共和国文化产业促进法（草案送审稿)》，从草案送审稿里可以看出，该法案的最终施行，对文化产业的参与主体、政府责任义务、市场规则等多方面进行界定和规范，将会极大地促进文化产业的规范化，居民可以享受到更全面的文化服务①。法律的施行，对于特色小镇的文化产业化，不仅提供了规范性要求，而且保护了小镇文化产业的合理化发展，对特色小镇的文化产业发展具有很强的促进

---

① 全国人大. 中华人民共和国文化产业促进法（草案送审稿), 2019（12).

作用，社群文化运营作为小镇文化发展和服务提供，具有了庞大的市场需求以及发展潜力。

4. 农村土地政策

2019 年 5 月，中共中央、国务院印发《关于建立健全城乡融合发展体制机制和政策体系的意见》提出，到 2022 年，城乡统一的建设用地市场要基本建成。宅基地进一步"放活"，允许村集体在农民自愿的前提下，依法把有偿收回的闲置宅基地、废弃的集体公益性建设用地通过乡村规划，转变为集体经营性建设用地入市，再通过农创中心，合法合规的售卖①；2019 年 8 月新的土地法修改通过，允许农村集体经营性建设用地（暂不包括农村宅基地）经村民大会表决，可以通过出让、出租等方式交由农村集体经济组织以外的单位或个人直接使用。最直接的就是破除了农村集体土地入市的最大障碍，打破了非集体单位或个人使用土地的老规定，通过农村土地"三权分置"，进一步放活土地经营权。土地经营权使得宅基地可以合法合规的进行使用、收益、流转及承包经营权抵押、担保。这促进了特色小镇发展、农村产业结构多元化，增加土地流通的政策性和灵活性，有利于盘活整个资源供应端，从而促进了整个农村经济发展。

---

① 中共中央国务院. 关于建立健全城乡融合发展体制机制和政策体系的意见，2019（5）.

土地的使用始终是制约特色小镇发展的一大问题，土地问题的逐步解决，一方面可以提供基础建设用地，另一方面可以向小镇提供更多的流转地，用于农业耕作，同时为小镇农耕主题的社群运营提供基础的优美环境和场地等资源。

（二）郑州市经济与人口情况

黄帝文化活动区域背靠国家级中心城市、中原经济圈的核心城市郑州市，属郑州市区一小时生活圈，享有郑州市充足的人力资源、市场与客户资源，同时可以共享郑州市的庞大发展机遇，郑州市的经济和人口情况，决定了特色小镇发展的经济与市场基础，以黄帝文化为特色小镇核心的文化体系与产业，具有巨大的发展潜力。

1. 经济情况

至 2018 年末，郑州市国民生产总值首次跨越 1 万亿，成为河南省唯一进入我国"万亿俱乐部"的城市，其年度三大产业的经济总量占比分别为 1.4%、43.9%、54.7%，其中服务业总产值占比超过一半；2018 年恩格尔系数为 22.1%。[①] 城镇化以及较低的恩格尔系数，表明郑州市区具有庞大的生活消费潜力与消费支付意愿。

---

① 郑州市统计局数据统计，郑州市统计局网站.

2. 郑州市人口状况

从郑州市总体人口情况来看，2018 年河南省统计数据显示，郑州市 2018 年末的常住人口超过 1 000 万人，超过南阳市成为河南省人口第一大市和特大城市，且郑州市的城镇化率全省最高，为 73.38%；郑州市作为中原经济区的核心城市、国家中心城市，外省地区流入河南人口的近 36.8%、省内跨市流动人口的 59.8%，均流入郑州市，对比郑州市以往各年人口数据，自 2011 年开始，年人口增长数量均超过 15 万人。截至 2018 年末，河南省的常住人口数量为全国第三，共计 9 605 万，而且常住人口中 0~64 岁占比近 90%（8 586 万人）①，背靠河南省庞大的人口基数，郑州市庞大的消费市场具有较深厚的人口基础。

从有吸引力的人才引进政策来看，郑州市不仅人口基础大、背靠河南庞大的潜在人数，而且自 2017 年郑州市主动出台"智汇郑州"人才工程，对新引进落户研究生、本科生以及技工院校预备技师（技师），三年内每个月均发放生活补贴，若新引进人才在郑州购房属于首套置业的，还可以享有由郑州市给予的购房补贴以及契税优惠政策。

（三）郑州市居民"城郊游"现状

通过郑州市经济发展数据以及人口状况，我们可以断定，郑

---

① 河南省统计局. 2018 年河南人口发展报告，2019（6）.

州市"一小时旅游生活圈"具有庞大的人口基数和消费潜在需求，但是河南省为农业大省，城镇化进程时间不长，城郊周边的旅游度假资源参差不齐，分析郑州市城郊游特点，可以有效地进行小镇的休闲度假服务定位以及文旅产业在社群文化运营的落地。

1. 郑州市的城郊游的目的地的旅游资源呈现区域性特点

（1）郑州市东区。主要以中牟县北部郑开大道沿线为主，例如集中全国各省、河南各地市及部分国家主要人文特征的绿博园（属于园林式公园）；以方特欢乐世界为代表的主题游乐园；以电影为主题的建业华谊兄弟电影小镇；以雁鸣湖片区为代表的生态水域与湿地风景区和生态度假；以杉杉奥特莱斯为代表的购物度假目的地；以中牟县草莓种植为代表的季节性采摘等。

郑东新区是现代化郑州的名片，整体城市建设标准高于老城区，配套标准与服务完善，人口密度低于老城区，已在郑州市及河南省树立了较好的形象，成为中产阶层及以上人群的居住聚集地，是郑州市重点发展区域。针对此类人群，具有较强的城郊游需求，且对目的地提供的产品和服务有一定的品质要求，一方面由郑东新区向东交通便利，另一方面以郑开大道为中轴的城郊游，种类较多、体验形式较全、品质较好，随着该区域各旅游产品的成熟化、品质化，吸引了郑州市各区的居民到此游玩。

该区域是郑州市居民周末和节假日的主要旅游目的地，访客人数较多、车行交通不畅、餐饮配套品质不高，该区域居住人口在郑州市内，属于高智人士聚集地，其认知与消费代表着郑州市整体的消费习惯与消费能力。

（2）郑州市北区。郑州市区向北基本以黄河为线，黄河以北为河南省新乡地区，沿黄河堤岸郑州辖区部分为居民的主要城郊游区域。有以丰乐农庄、富景生态园、四季同达生态园等为代表的生态园游，建设时间较长、整体品质较低、内容单一；有以花园口、黄河游览区为代表的人文公园景区；有以荥阳古柏渡飞黄景区为代表的度假游玩景区等。随着郑州市城区的北扩，该区域范围逐渐减小，同时为了保护黄河生态与安全，沿黄河的农家乐、渔家乐等全面拆除，堤岸边的游乐、餐饮、钓鱼等各种经营活动全面禁止。沿黄河旅游度假区，总体建设时间较长、旅游内容较为单一，有待提高品质。

（3）郑州市西区。以荥阳洞林湖和上街五云山为中心的两大城郊游目的地。前者以洞林湖、洞林寺观光游，首创奥特莱斯的购物游为中心，区域整体建设开发程度较高，基本为房地产开发小区，虽然传统生活感强，但是休闲体验感、度假感不足。后者是以五云山山间休闲度假为主，周边有方顶状元村等文化游，但该区域距离郑州较远，交通不便、旅游产品单一、产品数量很少、配套服务不足，所以城郊游人群数量较少。

（4）郑州市南区。郑州市南部地区是商贸物流聚集地，南区以樱桃沟为代表的季节性采摘，以始祖山为代表的人文休闲度假游等。整个南部、西南部地区，在郑州居民印象中，为郑州市非重点发展区域，不管是经济、城市建设，还是旅游、生活舒适度等，与其他区，特别是郑州东区无法相提并论。

2. 郑州市居民城郊游多以周末与节假日时间为主

这符合城市居民的度假时间特点，出现了明显的淡旺季，即人多时访客的体验感不足，日常时则人流很少，多数处于空置状态。同时因宣传推广、品牌包装等方面的工作不足，与全国知名的旅游目的地相比，没有竞争力，外来游客较少，尤其是省外游客较少，吸引外地消费的力度不够，主要以本地人为主。小镇以及社群文化运营的服务对象，多以周末和节假日为主，这就要求社团文化活动安排要以周末和节假日为主，

3. 宣传形式单一

多数的城郊旅游目的，并非大型专业企业的开发，多数仍是地方的、小范围的开发建设，尤其乡村游，所以缺乏专业地、系统的品牌宣传推广，多以口口相传的推广形式向郑州市居民传播，品牌的影响力与知名度不高，多数仅限于郑州市内，同时因口碑的传播性，某一旅游项目较好，就会成为多数居民的城郊游目的地，从而造成集中的单一性，影响居民的体验。

4. 整体的城郊游度假数量不少但品质不高

体验的品种较匮乏，尤其是精品品牌与精品产品严重缺乏。加之没有外地区，尤其是外省的客户消费，所以整体性的配套服务规划以及落地，迟迟不到位，居民的体验感、被服务感不足。以餐饮为例，普通的旅游目的地的餐饮多是以小型外包、外租的个体经营为主，首先，餐厅数量的不足，加上周末城郊人数量较多，人均资源不足；其次，整体的经营场所品质、食品品质不高，甚至卫生状况不堪的情况比比皆是，缺乏整体的管理和经营；最后，服务的基本意识不足、服务能力不足、服务品质不高。以住宿为例，因为没有外来游客，本地人城郊游并不过夜，所以基本没有此类服务，缺乏主动性、引导性的项目与构成，这就使很多休闲度假项目无法有效提供。

5. 没有好的旅游产品，是因为没有好的旅游专业人才

我国各地市均依据国家与省级相关的法律法规，结合地方资源，制定出适合本地的旅游发展计划，但为何无法高品质地提供产品服务，根源是缺乏具有先进地方旅游经验、先进理念的专业型人才。

6. 居民的休闲度假意识，尤其是休闲度假消费的意识有待提高

郑州市虽然是国家中心城市、中原经济区核心城市，但郑州市位于河南这一农业大省，居民的来源多数还是以农村为主，居民基数很大，但人均收入无法与北上广深等一线城市相比，也没有达到成都、武汉、杭州、南京等省会城市的水平。传统意识、消费习惯以及收入状况的不同，决定了郑州市居民休闲度假的消费意识较为保守，还处于初级阶段。一方面城郊游的休闲度假产品并没有很好地引领和刺激居民的消费意识，另一方面虽然郑州市居民基数大，但随着休闲度假需求与人数地增加，仍有很大的发展空间。

综上，郑州市的城郊游尤其是乡村特色游，还需要走专业化、服务化、精品化的道路，另外，郑州作为中国的八大古都之一，具有浓厚的历史文化气息，但目前郑州市城郊游资源的文化氛围、城郊文化游资源不足，及城郊游不过夜的特点，使深层次休闲度假无法形成整体性体验，均给黄帝文化为主的文化定位和社群文化运营提供了差异化市场空间。以专一的精品旅游项为主，引进专业人才，用专业的手法进行各项产品、服务的完善与市场化的品牌建设、宣传推广，同时主动拥抱市场，培养和引领居民的消费习惯。对于特色小镇建设来讲，一方面提供了很好的市场机会，另一方面又对小镇的休闲度假产业提出了专业性、产业化的要求。

三、黄帝文化在属地特色小镇发展定位中的体现

第一，目前郑州并不具备生产型特色小镇的创建基础。黄帝

文化属地传统产业资源，仍是以农业种植为主，主要集中在具茨山脉以北的区域，该区域内种植有粮食作物、果蔬以及中草药，其中又以新密金银花最为知名。季风性气候及黄河、淮河的流经，决定了中原地区自古就是农业种植的兴旺之地，从公共经济学层面讲，粮食关系国家安全，作为重要保障，河南省必须发展农业种植。这就决定了河南省的总体经济结构与发展，相对浙江省为代表的民营经济发达地区较为落后，所以郑州市周边，并无类似于浙江省的传统产业基础。

另外，河南省只有一所211高校即郑州大学，虽然郑州大学为全国双一流高校，但是其为B类6所高校中的一所，中原地区整体缺乏顶尖的高端教育，高端教育、研究机构以及高端前沿企业的数量与质量，与相邻的湖北武汉、陕西西安不在一个水平线，高端型、专业型人才与科研力量严重不足，包括郑州市在内的河南省，缺乏全国首屈一指的民营经营产业和企业，若无占据全国较大份额和影响力的传统产业基础，则无法以生产型产业、高端前沿产业为基础创建生产型特色小镇。

黄帝文化属地特色小镇的发展，一方面传统生产型产业基础薄弱，另一方面在产业类型定位方面，要与农业、农村、农民相结合，发挥农业产业的多元化以及农民收入的多元化，故黄帝文化属地特色小镇的产业定位构成，可以先行确定"农业"的产业定位。鉴于"农业"产业的特性，无法在特色小镇的产业构成中成为支柱产业，只能作为辅助补充产业或农业旅游；始祖山、大鸿寨等名山不仅具有浓厚文化底蕴，还具有优美的自然资源，不仅山美，而且平地之处还种植大面积农田，农田不仅有基本的粮食种植，而且还有各种中草药、果林等，农业种植景观丰富，具备农旅产业所需最基本的自然资源条件，同时农业耕作与黄帝文化的农耕文化相契合、中草药种植与岐黄文化相契合，"农旅"的文旅定位毋庸置疑。

第二，区域内不仅有粮食作物、果蔬、中草药等的种植，体现了农耕文化，而且黄帝文化遗址的数量较多，文化遗址、庙宇、军事遗址、名山和中医岐黄遗址等类型，涵盖了黄帝文化的方方面面。尤其每年农历三月三拜祖大典，已成为海内外华人共聚的一大盛典，黄帝文化作为小镇文化定位以及社群文化运营的文化总纲毋庸置疑；同时，郑州市城郊游缺乏文化游的项目，以黄帝文化为特点的深度文化游，可以确定为项目的文旅产业定位和小镇的品牌形象。

第三，通过对传统产业、文化资源、自然资源的剖析及特征共性提取，可以发现，健康类产业应为项目的主产业（见表4.1）。

表4.1　　　　　　　资源类型分类与标识性特点

资源类型	资源类型内容	资源特征关键字	资源共性标识
传统产业资源	中草药种植	农业种植、中医、健康、健康自然环境	传统健康自然健康
	生态种植	农业种植、健康、健康自然环境	

续表

资源类型	资源类型内容	资源特征关键字	资源共性标识
黄帝文化资源	岐黄文化	中医、黄帝、健康	传统健康
	农耕文化	农业种植、健康自然环境	传统健康
	根亲（拜祖）文化	礼敬祭祖、黄帝	传统文化
自然环境资源	始祖山景区	健康自然环境、黄帝	自然健康
	浅山地貌	健康自然环境、农业种植	
	平原种植地貌	健康自然环境、农业种植	

资料来源：作者整理。

由表4.1可以看出产业、文化和自然资源之间是相互交融的，传统产业以农业种植为主，与黄帝文化中的农耕文化相契合，中草药和生态种植的健康内涵与岐黄文化相契合，同时农业种植形成优美的大地景观、健康的自然环境资源；黄帝文化的部分遗址不仅位于始祖山，而且黄帝文化的健康理念与始祖山优美健康的自然环境资源相契合。由此可以看出，"健康"是传统产业、文化资源、自然资源共同的功能特征，农业种植是各项资源的表达方式，"黄帝"是各项资源的形象焦点。由此可以确定小镇是以健康产业为主产业，以农业种植与初加工产业为辅助产业，以黄帝文化、农业旅游为形象的文旅产业，同时各类资源的表现形式均以中国传统的方式为主，例如中医的康养、生态机制食材、亲近自然健康的环境，都是中国传统养生之法，中草药、果蔬均是传统种植之法，特别是粮食的农耕劳作方式更是传承数千年，由此小镇的定位为中式"康养产业＋农旅＋黄帝文化游"，也由此确定社群文化运营的基本出发点。

从市场的角度讲，健康产业目前已是一个朝阳产业，随着国家"健康中国"行动的开展、国民健康需求与素养逐步提高，当康养消费成为日常消费常态，健康产业的市场潜力更为庞大，健康小镇的前景向好，企业的生机活力与经济效益会更好；健康在于日常之养，即康养，对企业来讲需要设计符合日常生活的康养生活产品，并通过社群文化运营的方式，圈粘更多的目标客户，并通过主动向客户提供消费产品和服务，形成消费习惯和健康的生活方式，同步达到小镇和企业的健康运营。

第四，特色小镇产业构成设定。

（1）康养产业构成。饮食健康、运动健康、中医理疗健康、心理健康及健康产品的提供。

饮食健康：营养健康餐、药膳、术后康复餐、节气养生餐和茶等。

运动健康：太极、五禽戏、八段锦、基础运动、体育运动、智力运动等。

理疗健康：艾灸、中医按摩、中医调理等。

心理健康：中医调理、心理课程、价值观引导、传统文化交流等。

（2）农业文旅产业。

绿色种植：粮食作物、果蔬、中草药等的种植和采摘，形成农业旅游。

农产品初级提供：生态绿色食材如粮、油、果蔬、蜂蜜等地提供。

中草药初级加工：艾条制作、金银花、枸杞、养生茶等地提供。

动物产品：生态肉、蛋等地提供。

农旅配套：餐饮、民宿、茶馆地提供。

农事服务：农事活动参与、植树认领、农业科普教育等。

（3）黄帝文旅产业。黄帝文化展览、黄帝内经、文创产品、黄帝文化交流活动、祭祀活动、端午节活动、重阳节活动、古乐古画和书法、黄帝文化博物馆、黄帝文化剧目演艺、黄帝文化科普教育等。

通过以上对小镇产业的初步设定，为小镇社群文化运营提供基础文化与产业的基础。

四、黄帝文化导向型特色小镇社团搭建

（一）主题社团的成立流程

小镇产业定位下的经营体产品和服务、较多数量居民特别是

意见领袖的兴趣爱好,是小镇社团主题确立的两大因素,该两大因素也是小镇主题社团成立流程的主线,具体基本成立流程为:

与意见领袖共同发起的:发现普遍居民的兴趣爱好(或企业主动提出的意向主题)→找到文化主题意见领袖→协商社团成立→确定社团专员、执行专员→确定主题社团章程→与主题产业经营体沟通产品和服务→确定可日常举办活动的场地→社团成立宣传推广,招募初始成员→社团首次活动举办,会员签字社团章程

在没有成立任何社团时,需要设立社群文化运营管理部门,其最主要的工作内容就是日常自行组织的常态活动,由部门员工向社区居民提供服务和沟通,主动发现和收集居民兴趣爱好较多的主题,摸清小镇自行确定的社团主题在小镇社区居民中的意向,并找到其中的活跃居民以及具有一定影响力的意见领袖,与其建立良好的个人关系;多数情况下,居民的爱好主题基本属于运动类、文化艺术类和生活类三大项,基本涵盖大部分的小镇居民,若小镇居民入住率较高,则小镇社团的成立和运行会较容易,此时通过与意见领袖共同协商社团成立事宜,也较容易;若意见领袖有意愿参与主题社团的日常活动,则由社群文化运营部门派出专人以社团专员的身份,专职服务该主题社团;社团成立首先要依据社团主题,拟定社团章程,即社团成立的理念、目的、入会条件、活动举办形式等基础内容;社团章程代表着社团

的运行规则，待确定后需要社团专员与主题涉及的产业经营部门沟通，确定未来社团活动所需的各类硬件、专业知识以及人力等方面的资源，其中最重要的是日常活动场地的找寻和确定，当一系列前期准备工作基本确定后，则由社群文化运营部门统一对社团进行宣传推广和招募新的成员，其中意见领袖以较大的影响力，在社团成立前召集诸多成员；在首次社团活动举办时，由意见领袖带领各个成员，签字确定社团章程，以示遵守章程规定，成为社团会员。

（二）产业定位相关的主题社团

人的兴趣爱好具有很强的相似性，主要分类方式是按照居民的兴趣爱好确定主题，但小镇的产业类型也是小镇社团主题的确定方向，产业相关主题社团的成立和运行，不仅可以促进小镇经营体的宣传和消费，而且可以直接传递小镇产业结构下的生活方式。

1. 康养产业在社团运行的体现

黄帝文化属地小镇定位为"康养产业＋农旅＋黄帝文旅＋配套经营"的产业组合，通过两个途径实现。第一个途径是小镇的多数社团主题主要围绕居民的兴趣爱好，并不直接与小镇"健康"的产业定位相符，这就要求非产业主题社团的社团专员，在社团活动章程制定、活动举办内容等方面，要主动涉及或围绕

"健康"进行，例如美食社团，除了要设定各类美食为主题的日常活动，还要与相关经营体协作，研发并策划以健康餐为主题的活动，如"减肥餐""体质养生餐"的主题。如话剧社团，可以编排以健康为主题的话剧等，并向社区居民表演，即社团主题不是"康养"，但单次活动主题或活动内容与健康相关；第二个途径是直接成立与康养、农业、黄帝文化相关的主题社团。产业本身无法作为经营体和社团主题，例如康养产业、文旅产业、农业只是一个产业类型，具体到经营和社团主题，还得以实际的行业名称落地，如中医理疗馆、中医康养社团等。另外，小镇是以中式传统康养为主，中式的所有康养主题均可同时归类为黄帝文化中的岐黄文化，故小镇康养类社团主题，基本可以认定为岐黄文化的主题。从日常生活出发，小镇社团主题集中在三大类型，即饮食健康类、运动健康类和心理健康类，这三类细分的主题多围绕居民的兴趣爱好成立，更多的体现是通过单次活动主题和内容来体现，但还需成立直接以岐黄康养为主题的社团，直接体现小镇产业形象和品牌，如成立"黄帝内经"社团、"杏林生活"社团、"康养运动"社团（八段锦、五禽戏、太极等）、"节气养生"社团、"义诊"社团、"幸福课堂""国学"社团等，与之互为补充。

2. 农业产业在社团中的体现

农业产业升级更多体现在农业生态民宿居住、农家特色餐、农业观光、生态绿色农产品销售、属地农产品加工等，优美的农业田园人文生态是吸引城市居民休闲度假的主要因素之一，作为主题社团要使居民参与到产品体验中去，并通过活动实现居民的长期圈粘，与岐黄康养主产业的体现相同，非农业主题社团的社团专员，在社团活动章程制定、活动举办内容等方面，要主动涉及或围绕农业、各种农产品、民宿、农旅等进行，例如户外社团，可以按季节设定"田园户外旅游""田园踏青"等主题活动，"旗袍"社团不仅要传递旗袍的美感，而且还要不定期体现"养蚕制衣"的农耕文化。

农业产业主题的社团设定，可以成立"农耕"社团、"节气茶"社团、"农游"社团、"花友"社团等，相对于其他主题社团的文化深度，农耕类活动要多体现传统农耕文化，中国的农耕文化为黄帝文化的一项主要内容，特别是二十四节气，是中国古代劳动人民劳作过程中的智慧结晶，农耕为主题的社团活动，要多与二十四节气等传统文化直接关联。

第二节

黄帝文化融入特色小镇社群文化运营模式

一、企业组织架构调整与功能实现

特色小镇社群文化运营以及企业经济效益与社群文化的关联，

需要企业自身特点、小镇的业务板块，围绕这两个重点内容调整自身的整体组织架构。主要业务板块分为小镇的开发建设、营销策划和品牌、产业运营和管理、社群文化运营、物业管理服务、企业运营管理六大项内容，其中行政管理主要内容为各板块业务的权限管控、企业目标设定、人力资源管理和考核、上传下达事宜等，开发建设的主要业务内容是小镇的规划、报批报建、施工管理、成控等传统板块，营销策划和品牌的主要工作内容是小镇各类产品（含但不限房产、消费会员卡、资本同创）的营销策划、品牌构建塑造和规范、宣传推广计划安排、房产类客户服务等板块，产业运营和管理的主要工作内容是产业与生活配套规划、经营体经营管理、各种经营类场所和场地管理、商家招商和管理、客户消费服务等，社群文化运营主要工作内容是社团筛选成立和组织、客户日常维系和挖掘等。以上这些是一个小镇开发企业应具有的主要业务内容，还有其他如财务部门、信息和网络管理部门、物业管理服务、采购等必须部门，同时，出于管理特点等原因，在不同的企业组织功能不变的前提下，功能所属的架构和部门略有不同（见图4.1）。

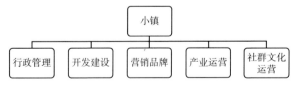

图4.1　小镇开发企业主要业务

（一）行政管理在社群文化运营中的职能

行政管理是一个小镇整体板块的总管理、协调、运行中心，其不负责具体业务，但要对小镇的整体运行目标设定和考核、设定各部门管理权限和岗位职责、人力资源招聘等。其中，该部门需要对其他业务板块，尤其是社群文化运营所需要的各类人才进行招聘、储备以及培养，目前人才市场上的社群文化运营人才供给较少，多数还需要小镇自行培养，需要制定出合理的人才培养计划与晋升机制（见图 4.2）。

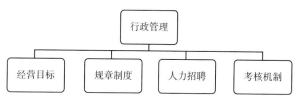

图 4.2　行政管理主要内容

（二）开发建设部门在社群文化运营中的职能

开发建设的基础功能是规划设计、报批报建、施工管理、成本控制等多个传统的基础性工作，开发建设的推进情况，决定了其他业务板块工作的落地时间。在产业方面，决定着各个经营场地场所的完工时间，实际的完工交付又决定了各个经营体的开业时间，产品和服务的实际供应，决定了消费类会员卡的内容设定和发行，决定了社群文化运营圈粘客户的道具与成功概率，进而影响客户购房、入住和资本同创，故开发建设的工作内容是基础，虽然并非直接的小镇社群文化运营与盈收，但其进度计划，是其他工作安排的基准线（见图4.3）。

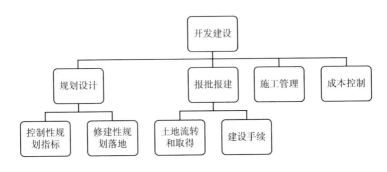

图4.3 开发建设主要内容

与其他传统的开发不同，特色小镇多处于乡村，许多政府和规划部门并未进行镇域的整体规划，小镇也就缺少了可用土地的控制性规划指标，依据相关法律法规，可以由小镇企业方代为设计，而后由相关部门在土地规划和土地出让时作为指标限定；小镇因产业用地较多，土地性质的种类较复杂，除了国有建设用地需要出让，如一般农田、基本农田、林地等需要先经流转方可使用，另外土地供应一直是制约小镇发展的关键环节，这就需要企业与地方政府协商，通过各种方式增加土地供应量，特别是建设用地的数量。

（三）营销和品牌的架构职能

任何企业的创建和经营，都需要企业形象和产品品牌的树立，主要手段就是在营销和产品客户服务的过程中，与产品的销售同时实现，进而形成市场占位与销售，实现经济效益。小镇的营销和品牌的作用，与传统商业无异，具体分为策划部、房产客服部、品牌部和销售部。其中策划部主要工作项分为房产策划（包含房产前期策划、房产包装和销售策划等）、产业运营策划（产业产品文化包装、销售策划等）和经营业务的宣传推广（媒体计划、公众号运营、产品和生活包装等），同时，通过对开发建设进度、营销节点、产品和服务落地情况，结合销售部门，设计消费类会员卡、资本同创产品类会员卡；房产客服部主要服务内容是为客户购买提供服务，如购房所需要的各种购房合同、银行贷款手续、房屋交付及不动产证办理等业务；销售部是实现经济效益的最后一环，销售部不仅要进行客户渠道拓展和房产的销售，而且还要负责消费类会员卡、资本同创产品的销售，在销售过程中向到访者传递社群文化运营的理念和小镇的生活方式，同时邀约受访者体验小镇的社区文化、社团活动以及经营体的产品和服务，小镇的销售人员不仅是小镇的推销员，更是小镇生活方式和社群文化运营的参与者和传播者，每一层级、每一个销售岗位人员，必须参与到具体的社团活动中，代表消费者和市场，向社群文化运营部门提出社团运行的要求、反馈社团运行的问题，这种有别于传统房地产销售的方法，会更有利于目标客户的购房、购卡行为，从而实现小镇的经济效益、资金回笼以及消费力；品牌部不负责具体的业务，但它是小镇文化体系、生活方式构建的主体，形成小镇的品牌内涵，通过大型品牌活动、经典社团样板推出、重要意见领袖打造等方式，对外推广小镇和企业的品牌，同时规范各部门品牌使用标准和行为，品牌活动在活动计划安排时，要与策划部、社群文化运营部门相结合，从小镇和企业经营层面统一安排。如果说社群文化运营部门是小镇生活方式的实施者，那么营销品牌部门就是小镇生活的包装和传递者，更是社群文化运营实现小镇发展和经济效益的核心环节（见图4.4）。

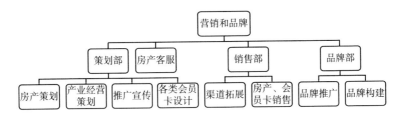

图4.4 营销和品牌的架构职能

（四）产业运营的架构和职能

产业是小镇的核心，是小镇长期发展的动力，当开发企业退出时，小镇产业的良好运营是小镇长期发展、生活持续的重要保障，小镇的二级房地产开发也是小镇产业的一部分，但该部分对小镇长期持续发展来讲，时效性较短，更多的是为小镇带来了常住居民和人气，以及小镇产业早期的目标客户群体，该部分产业的经营交由营销品牌部门更为合适，其终会随着小镇开发建设的完成而退出。

　　小镇的生活方式落脚点之一就是产业的消费和服务，小镇的产业主题，也是社团文化的主题方向，社团的主题必须与小镇产业相结合，才能很好地让会员和居民体验生活、构建生活，从而形成小镇特有的生活方式。产业运营的主要业务内容分为三部分。第一部分为产业的经营和管理，各产业经营体的经营落地、经营目标、线上经营等；第二部分为针对产业消费者的客户服务，以在线服务统领所有预约类服务，另外针对消费类会员卡进行统一管理，一方面是行权服务和管理，不是所有产品和服务都具有实际的经营场地或可以在场地直接行权，如粮食产品的行权不可能在田间地头行权，只能经过初加工后交由客户，这就需要客服部门统一进行行权安排、产品和服务配送和提供，另一方面是数据统计并对居民和会员的行权消费习惯等作出分析，对经营行为和会员卡设计作出引导；第三部分是小镇前期产业定位研究、产业经营阶段的产品研究，产业研究要从小镇创建定位、规划阶段开始筹划。产业运营架构设置如图4.5所示。

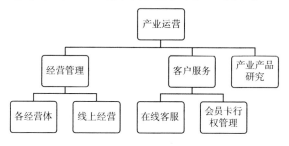

图4.5　产业经营的架构和职能

产业经营管理的核心，是小镇各经营体的设置，各经营体业务设置与开展，要围绕小镇的产业结构"康养产业＋农旅＋文旅＋配套"，产业需要经营体和社群文化运营的方式向目标客户提供服务，如健康饮食是康养产业的构成部分，落地时可以是酒店的服务项，也可以是某一餐厅的服务内容，但单独说健康饮食，是无法成为客户实际需要的产品或服务的。依据产业经营形式，产业供应方式可分为四类：第一类是可以通过经营场地提供的产品和服务，如住宿、餐饮、购物、运动馆、中医理疗等，第二类为未通过经营场地提供的产品和服务，如粮食产品，就需要以会员卡权益的形式进行销售和行权，直接农田经营的方法并不适合也不利于产业经营；第三类作为生活配套的经营项目，可以融入某一经营体之中，如小超市、图书馆，可以成为商街的经营项，此种方式既可以减少小镇资源和资金的投入，又可以增加小镇的经营性收入；第四类是一些服务项，虽然也是产业的一部分，但收入并未直接体现在营收方面，如山地穿越、太极等，可以成立户外社团和太极社团的形式落地。小镇的生活方式是由产业提供和社群文化运营共同构成的，二者相辅相成、相互补充，前者是以产业提供和经营为出发点，以好的产品和服务吸引消费，具有被动的特点，后者是培养和引导会员和客户的需求，以主动体验为主，但并不一定产生直接经济效益（见图 4.6）。

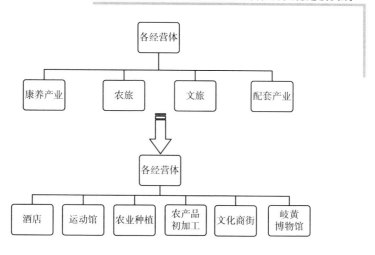

图4.6　小镇各经营体的设置

（五）社群文化运营管理

社群文化运营是依托小镇各业务板块，通过会员制方式，围绕会员举办的各类主题社团、活动及服务，称社群文化运营为"会员服务运营管理"更为贴切。主要分为三大项，第一项为社团的日常运行，通过各文化主题社团的成立和运行，落地社群文化、圈粘目标会员，鉴于文化社团数量较多，需要由社团运行负责人统筹安排，通过活动时间、地点等因素的调整，协调人力、场地、会员资源，使各类活动有序举办；第二项为社团运行的日常管理，还需要有日常的考评，这种日常考评是为了规范活动的举办，与企业的考核机制并不相同，每场活动不仅有活动方案，而且更要有活动后的总结，对参与人数、满意度、活动环节完成率等各项指标进行量化，特别是对活动过程中出现的问题及时解决和回馈，同时对通过单一主题社团进行半年或年度评估，对各项指标不佳的进行调整，或若是活动本身的问题则调整社团负责人，甚至取消该主题社团。对于社团运行过程中，发现一定数量会员有兴趣的新主题，则需要积极主动的沟通会员，以其为意见领袖，成立新的文化主题社团；第三项为二手房服务，前文中对其重要作用进行了分析，需要说明的是，把二手房业务放在社群文化运营管理板块，一是因为房屋转让的居民多为社团会员，转让信息可以第一时间获得，二是社团的服务性较好，会员的信任度较高，房屋转让的业务以及业务流程办理会较流畅，这些均是其他部门无法比拟的（见图4.7）。

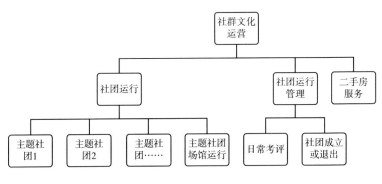

图4.7　社群文化运营管理

主题文化社团成立和运行，是社群文化运营落地执行的关键环节，每一个主题文化社团，都需要配置一个社团专员，该专员要具有较强的沟通能力、组织协调能力、活动策划能力以及对主题的专业性,如骑行社团,需要社团专员是一个骑行爱好者,对骑行运行技巧、自行车、场地等方面具有一定的专业认知;如书法社团,需要社团专员是书法爱好者,具有一定的鉴赏能力、书写功底,只有社团专员是爱好者,才可以有积极性、主动性去引导会员和居民活跃社团,在日常社团运行中,每个社团的社团专员要有较强的活动策划能力,对每场活动进行计划安排、资源协调,同时视社团主题及活动状况配备一定数量的执行专员。执行专员不需要有很强的专业性,但一定要有很好的沟通能力,通过培训,可以融入文化社团活动,直接对社团专员负责,按照活动既定方案依据分工不同执行活动,具体包括场地和场景的布置、活动流程所需的各种物料的准备、协助活动现场执行工作等;主题文化社团的意见领袖并非小镇和企业的员工,但他是社团得以成立和运行的关键,如果说社团专员是组织者,那么意见领袖就是社团的主导者,意见领袖以自己的影响力带动更多的圈层、居民和会员加入社团中来,以会员和居民为核心、发挥会员和居民主动性的社团,从而使社团更有活力。在许多成熟的社区,部分通过居民自发组织成立的文化社团常态运行,并不依靠小镇和企业的人力配置和资源注入,反而是小镇和企业主动提供服务、主动贴近居民和会员需求,以实现社群文化运营的目的(见图4.8)。

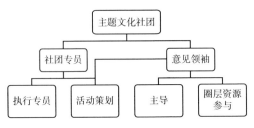

图 4.8　主题文化社团设置

　　主题社团场馆运行是文化社团落地形式之一，其架构设置、人员配置和运行模式与其他主题社团一致，具有独立场地的社团必须具有两种特点，一是社团的主题必须有专业的场地或工具，二是社团的场馆可以很好地展示和代表小镇生活形象，如骑士俱乐部、高尔夫社团等，不仅需要跑马场和专业的教练和骑具，而且日常马匹的饲养、训练都需要专门的马厩、饲料；如高尔夫社团，不仅需要有专人服务和教授，还需要有良好的果岭场地和商务休息场所，同时此类又可以作为小镇的典型性社团和经营服务项。不具备以上两个特点的普通社团则没有独立的场所或场馆，普通社团活动举办所需的场地，一般并不属于社团本身，而是属于小镇物业管理服务公司、小镇园区、外部资源场地、户外公共场地、产业经营体场所、营销接待场所、居民和会员的家中等，这就需要社团专员发挥个人的沟通能力，通过消费、租用和协调的方式使用场地资源，当活动有费用产生时，需要活动参与人员共同分担费用，通过多次的沟通协调，确定用最少的成本支出确定适合社团日常活动举办的场地。小镇并未为主题社团准备太多独立场所，一是因为多数社团活动的举办，并不需要室内场地或公共场地，如户外社团、骑行社团等需要社区外部公共资源的主题活动数量较多，且多数并不需要支付费用；二是部分主题文化社团活动是需要与产业经营体结合的，如茶社、红酒会、美食社团等，多数活动需要和小镇经营服务场所结合，在活动举办的同时，带动经营体的营收；三是部分主题文化社团活动，居民完全占据主导地位，多数在居民家中、庭院中举行，例如诗歌会、读书会、太极社团等。不依赖小镇和企业在居民家中举办，说明社团运行已深入小镇生活，是社群文化运营良好运行的重要标志；四是有一些社团活动只需要在社区场地公共区域举办即可，如太极社团，可以以真实的场景化，向小镇居民和会员传递美好健康的生活方式。部分社团虽暂时没有独立运行场地，但若可以围绕主题文化产品以及衍生出的文创产品，可以由小镇协调给予其独立运行空间，进行商业化运行的尝试，甚至实现不依赖小镇和企业的自我运行，如油画社团，在独立的社团运行场地内，不仅可以举办日常会员的交流活动和展示会员作品，而且可以向非会员开放付费体验、技能教授以及会员画作的销售，但鉴于主题文化的专业性，需要与意见领袖和会员共同经营。

二、特色小镇社群文化协同运营机制

通过企业的组织管理架构设定、各业务部门主要工作职能的确定，企业已具备了社群文化运营的基础，而后需要各部门围绕社群文化运营分工协作，协作主要有两部分，一是社群文化运营模式下各业务部门的沟通协作；二是企业各个业务板块统一协作的时间阶段安排。

（一）由社群文化运营部门主导的业务沟通协作

围绕社团活动的推进执行，鉴于各板块各部门工作内容不同，依据部门分工和职能，主导发起部门为需求部门，其他部门配合参与。通过活动推进的细分，由社群文化运营部门主导和需求发出，具体分为以下四个主要环节。

1. 社团活动月度主题和计划安排

该环节主要目的是在当月月底，确定各个社团下月整体性活动安排，包括时间安排、场地安排、活动主题安排三大项，简言之即时间、地点、事件，并非是确定具体的活动方案。

基本流程：社团专员初步拟定→社团意见领袖出具意见→社团运行负责人统筹、沟通→营销品牌、产业运营部出具意见→各社团专员→公布各社团活动月度计划表→活动执行

当月月底，由社团专员拟定下月社团活动的主题与时间安排，社团意见领袖提出意见后，社团专员修改交由社团运行负责人，社团运行负责人汇集所有社团活动安排，与营销品牌部门沟通，营销品牌依据营销推广计划、销售节点、品牌活动，提出意

见并与之商定社团活动的月度安排，社团运行负责人把确定的计划签字确认并交由各社团专员，同时由社团运行负责人安排制作宣传文件，向社区公布小镇整体社团活动计划。

在沟通过程中，意见领袖是否可以参加、是否还有其他重要人士参加，都决定了社团执行的效果；由社团运行总的负责人统筹，从所有社团活动的整体层面审视可行性，避免一些不必要的冲突；与营销品牌的沟通是要保证小镇对外整体工作的统一性，如策划月度推广计划主题与社团活动月度主题的关联、社团活动是否可以对销售节点起到助推作用、品牌活动与社团活动的关联；与产业运营的沟通，要保证小镇产业计划、产业活动安排与社团活动举办的统一性和关联性，例如，某一经营体推出的新产品和服务，是否可以与某一社团主题相融合，经营体服务和场地是否可以满足社团活动的时间安排等。

2. 社团活动的推进流程

经社团专员、社团运行负责人、产业运营、营销品牌共识后的活动计划，由小镇把所有社团活动统筹后统一对外公布，由此社团活动进入执行阶段。

基础流程：社团专员单次活动方案拟定→意见领袖提出意见和确定活动方案→主管领导签字确认→执行专员工作活动前执行→场地、人力等资源的沟通协调→活动物料、资料准备→发出活动邀约公告→登记和接受预约→主题活动参与物料准备→活动现场执行。

社团专员需要提前 10 天（最晚一周）拟定出单次活动方案，征询社团意见领袖修改后，交由社团运行负责人审核、签字确认，同时向执行专员布置具体执行工作；最先要与场地所有部门沟通确定场地资源，小镇内部场地，通过直接电话沟通确认、联系等形式，确认场地使用时间、使用要求，待场地资源确定后，团队人员开始准备活动所需的各项物料和资料，首先要设计活动邀约文件，在小镇公众号、社团会员群、销售部等群体中向目标人群发出活动邀约，参与会员可以通过电话、微信等方式报名，社团执行专员进行详细的登记，依据实际的报名人数，准备本次活动参与所需的物料，如油画活动，要准备的颜料、画笔、画板等，同时依据过往经验，要有物料不足时的预备，活动举办是室外场地的，要有天气变化的防范预案。

需要特别注意的是，社团不可能自行配置所有人才，特别是专业性门槛较高的主题，如医生、厨师等，当社团活动的主题有此需求时，需要向产业运营部门发出申请，请求专业人士的支持，例如，跑步社团本期活动主题是"跑步与身体机能"，需要医学类专业人士的支持，但社团是以跑步为主题，本身并未配置医学人才，这就需要健康类经营体派出专业人士协助社团活动举办。

3. 活动现场的执行

活动当天的执行，是小镇和企业服务能力的体现，更是小镇生活方式的样板展现，故活动要特别注重细节，不同于其他对活动场面、活动规格的追求，社团活动不追求热烈但氛围一定要融洽，以参与者的体验感为重，在活动主题分享和共享过程中，实现人心理的敞开、心情的释放。在活动分工时，社团专员多数作为主持人推进活动流程与气氛掌控，意见领袖作为活动主导人，其他会员、新访客由执行专员进行服务。

基础流程：停车场接待→会员签到、礼仪迎接→与会人员就位→主持开场介绍→新老朋友认识→活动主题→活动分享→参与者活动感受获悉→活动结束，送客→场地复位，物料整理入库备用→费用支付（没有产生费用的，不再支付），另外活动本身要有全程拍照，对活动规格较高的单次活动，可以全程录制。

活动本身流程按方案执行即可，涉及需要配合的，与主管部门进行沟通，如停车问题，需要与物业服务管理公司沟通，派出引导员现场配合，如需要采购用餐的，活动中及时与产业运营下属酒店或特色餐馆沟通提供，有特殊用电的需要物业公司电工随时就位以保证正常供电等。

作为主持人，需要明白活动举办的目的，一方面是通过活动圈粘老会员和居民，另一方面是要新访客体验和感受小镇的活动生活，从而扩大小镇的客群与宣传，故在执行过程中，要特别注意两个方面，其一要服务到每一位活动参与者，注重每一位参与者受尊重和重视的感觉，其二积极引导新访客与他人交流、分享，使其尽快成为当天活动的圈子成员。例如，在开场介绍时，不仅要向新访客介绍小镇和企业的社群文化理念、主题文化社团和活动，还要与参会人员进行自我介绍，尽快使活动氛围变为熟人之间的聚会。

特别注意的是，在活动现场，除了老会员的圈层带访，销售部也会带领新到访客户参与到活动中来，当新访客有购房、购卡以及资本同创意向时，经访客同意，要及时反馈给销售部，由销售人员及时与访客取得联系，以转化为项目成交客户。

为了提高活动举办品质和效果，了解到会员和访客的真实感受，需要向参与者了解其对活动的评价，传统做法是要求客户填写"满意度调查表"或类似问卷，但最好的方法是通过与参与者聊天、观察参与者活动，从其语言、动作等方面了解，一方面由此得到的信息更为真实，另一方面不增添活动主题之外的环节，增加参与者无谓的负担。

4. 活动现场执行后总结

活动现场执行的结束并不代表本次活动执行工作的完成，一个活动的举办，并不是为了活动举办本身，而是通过举办活动发现问题、解决问题，从而使社团活动满意度越来越好，参与会员越来越多，对社群文化运营、小镇产业和销售的作用更大。

基础流程：整理文件材料，存档→活动数据统计→活动总结→问题部门共识，外部问题反馈和追踪→向会员反馈问题。

活动现场结束两天内，所需的各种资料，如签到表、参与者有关的其他信息资料等，进行整理存档，需要存入电子文件的要及时录入；对活动当天各项数据进行统计，统计后与活动方案、报名情况进行对比分析，找出各类数据的差距，例如活动计划参与人数、预约报名参加人数和实际到访人数的差异，物品物料的准备数量是否匹配，并对差异化作出分析，找出原因所在，以期改进；无法量化的问题，要通过对比活动既定方案与实际执行效果，找出实际原因；对于参与人员提出的有关小镇和其他部门的非活动问题，要积极向上级及相关部门反馈，依据相关规章制度进行追踪和解决，并把解决结果第一时间告知问题反映者，特别是有关反映房屋质量问题、报修后维修不及时、园林绿化破坏、权属证件办理、消费体验不佳等小镇应提供的服务项，非常容易引起居民对小镇所有服务的否定；在一些活动举办过程中，处于信任和心理的敞开，个别参与人员，会表露出一些与小镇和社团活动无关的需求，社团专员要在活动结束后，积极寻找协助，对其提供帮助，真正做到从各个角度服务客户和会员。

（二）小镇其他部门向社群文化运营部门发出的业务沟通协作需求

相对其他销售部、产业经营等产生商业交易行为的部门，小镇社群运营文化部门，是直接面对客户的部门，是美好生活方式的提供方和服务方，也是小镇居民和会员认可度、信任度最高的部门，这种优势使得社群运营部门，特别是社团专员，成为小镇其他部门，尤其是经营业务部门抢占的资源。

1. 营销品牌部门的需求发起

（1）推广渠道的功能需求。

主导和需求发起部门：策划部。

基本流程：选定目标客户主题社团→销售信息整理→社团专员→确定信息传递方式→活动中传递→信息反馈。

除了传统媒介，现代的销售推广多通过渠道传递，社团活动成为销售信息的传递方式之一；首先由销售部门依据销售客户定位与筛选，确定目标主题社团，整理好所需的销售信息后，与社团专员沟通，原则上社团活动不得出现房产销售活动，所以需要双方沟通确定可以传递的信息内容以及传递方式，多数情况下，由销售部派出人员参与活动，在活动过程中与参与居民和会员进行互动聊天，进而传递销售信息。

（2）活动体验需求。

主导和需求发起部门：销售部。

基本流程：确定主题社团→向社团发出需求→向社团专员介绍到访者情况→到访者参与社团活动→参与情况反馈销售部。

直接到访销售部的客户，需要体验社团文化活动，依据客户到访日期和社团活动的安排，销售部选定目标社团专员，并向社团专员提出体验需求，经同意后向社团专员（主持人）详细介绍已知客户情况，使其在活动中可以很好地与客户互动，同时也使客户尽快融入社团活动中，有一个好的体验，故活动过程中，需要社团专员重点关注该客户，若客户没有销售人员陪同参与活动，需在活动结束后，向销售部反馈客户的体验感，有销售人员陪同参与的，活动过程中尽量不与其交流销售事宜，以免影响社团活动的体验感。

经双方协调，销售部需求与某一社团活动安排时间仍不一致时，确需要体验该主题活动的，可以依据到访客户行程和需求，重新策划、订制"社团活动"，但意见领袖和其他居民是否参加则无法确定，这就需要社团专员和团队员工，积极发挥专业性、能动性，给予客户好的体验；对于有主题场馆的社团，销售部只需提前预约到访体验即可。

（3）主题品牌活动的需求。

主导和需求发出部门：品牌部、策划部。

基本流程：营销品牌初定主题与计划安排→主题社团沟通和计划确定→活动方案确定→上报方案审批→人员分工→场地确定，各项采购执行→重点人士邀约→活动公告宣传和报名→活动现场执行→活动总结。

小镇生活方式是小镇的品牌主导形象，决定了小镇在品牌活动主题安排以及品牌活动执行过程中，均需要小镇社群文化运营部门以及相关主题社团的参与。不同于常态的社团活动，品牌活动的层次较高、规模较大，需要策划、销售、品牌、主题社团、产业服务等各个环节的参加，营销品牌部门先行确定本次品牌活动的主题、时间和地点，与活动主题社团进行专业沟通，并最终确定活动计划和具体的实施方案，而后定稿方案上报具有相关审批权限的领导签字生效；按照审批的方案，由营销品牌部门主导，先进行人员分工，确定场地、活动公告设计并发出，同时由社团运行部门向主题社团意见领袖和各位会员发出活动邀约，一方面活动主题需要会员的专业性指导，另一方面要确定主题活动的参与者和圈层；直至活动现场执行完毕，由营销品牌部门主导、主题社团专员协助，对活动进行总结评估，并把结果发送各部门员工与领导。

（4）会员卡内容设计需求。

主导和需求发起部门：策划部。

基本流程：策划部提出会员卡内容需求→社团专员提供服务内容与价格→会员卡成本和收入试算→策划部完善会员卡方案→上报审批权限部门和领导→会员卡宣传推广物料制作完毕→销售部销售→客户购买成为会员→会员预约参与社团活动→客服部门进行权益的核销登记。

社团运行与产业消费同为小镇产业构成的表现方式，小镇经营体有明确的价格公示，经过对历次社团活动举办的评估，可以计算出参与者单次单人的消耗成本，社团活动同样可以通过价格量化，日常参与社团文化活动产生的费用，需要由参与会员分摊，所以社团活动是有价值的，同样也可以作为消费类会员卡的权益项，但一般不作为会员卡的主要内容项，多与产业消费权益共同构成某一消费类会员卡的内容。一般以会员参与社团活动的人次、场地使用次数为主要权益内容，参与人次是指会员可以免费参加主题社团活动的人次，场地使用权益是指会员可以预约使用指定场地的次数，即会员可以自行组织以自己兴趣爱好为主题的社团活动，小镇提供基础的服务，这种权益设计对小镇的优势是，可以刺激会员的兴趣爱好与融入小镇生活的主动性，具有圈粘会员的作用。

2. 产业经营对社群文化运营的需求

产业经营和社群文化运营是社群生活方式构成的两大重要板块，两部分是互相支持、互为补充的关系，产业通过经营体向社群文化运营提供各类服务、产品、场地以及其他硬性条件，社群文化运营为各经营体提供经营项目的推广、消费以及体验反馈等，基于这种作用，除了常态协作沟通，产业经营体在日常经营过程中，会主动向社团以及其他部门的各位责任人发出经营项业务协助需求，主要内容如下：

（1）新经营体和经营体新产品推出的宣传和体验需求。新经营体的表现最终也要落地到经营体的产品，新产品新业态面向市场的尝试，通过社团活动的推介，可以深度挖掘并传递新产品的形象、意义甚至价值，通过活动和语言的包装，使产品有一个好的开端。

基本流程：新产品特点总结和包装→整体推出计划制定→向社团提出需求→确定社团推出计划和形式→产品说明和包装确定→产品融入活动方案→活动中会员体验→结果回馈。

经营体对新产品进行特点总结和产品包装后，要制定出产品推出的整体计划和安排，其中，产品通过社团活动形式推出，只是推广渠道和推广计划中的一环；经营方向主题社团专员介绍产品特点，并提出产品推广和销售需求，当产品与社团活动为同一主题的，可以以单次产品作为单次活动主题进行专场活动，当产品与社团活动主题不同时，可以以活动环节、活动话题等自然的形式融入活动中。以酒店推出春季野菜宴为例，需要经营体在酒店内、社区内、线上公共号等区域或渠道，先行进行宣传推广，而后再通过主题社团传播，若社团主题为美食社团、农耕社团等，则可以以野菜为主题，策划专场活动，但与野菜宴主题无关的主题社团仍占据多数，如各类艺术社团、运动社团等，这时可以设计社团活动的就餐环节为野菜宴，从而在活动中自然地引出和体验野菜宴。

（2）持卡会员社群文化运营权益行权的需求。因消费类会员卡权益内容，是以康养类主产业以及相关配套等实际消费类权益为主，以社团文化活动参与为辅，故会员权益的行权服务机构设置在产业运营体系（企业可以根据实际情况进行架构调整），当会员通过客服部门提出参与会员社团活动行权时，需要由客服部门与主题社团确定行权事宜。

基本流程：会员提出活动参与的行权需求→客服部门核实会员权益内容→登记客户行权要求→需求反馈至主题社团→社团活动向会员确认→活动举办前确认会员可否到访→会员参与活动→参与结果反馈客服部门→客服部门核销客户权益→计为社团营收。

社团活动多数以月度为周期进行公告，公告发出后，会员卡权益内有活动参与权益内容的，会员通过客户服务部门预约报名参加意向活动，客服人员在接到会员预约信息时，先核实客户会员卡是否具有该项权益，经核实权益未消耗的要予以登记，并将预约信息转交至预约的主题社团，主题社团接到客服部门信息，与会员联系告知活动的安排和注意事项，并确认其参与人数，若最终会员参与活动，社团专员需向客服部门反馈客户参与情况，客服部门对该次行权予以核销，即按照会员当次活动实际参与人数，从会员的卡权益中扣除相应的权益次数。

以上是会员以消耗会员卡权益的方式参与社团活动，通过一定频次的参与社团活动，会员与其他会员、社团工作人员较为熟悉时，一般不通过客服部门报名参加社团活动，而是直接向社团工作人员报名参加社团活动，此种情况，需要社团专员把客户行权情况反馈客服部门，从其卡权益中扣除相应的权益次数。若客户会员卡中已无此项权益，则需要会员按人次支付参与费用。不论是何种方式参与社团活动，作为产业运营的一部分，该收入都计入社团的经营收入。

（三）小镇消费类会员卡工作流程

小镇会员卡是社群文化运营转化为企业经济效益的关键环节，因权益提供主体不一，功能需求部门不同，所以参与部门、主导部门略有不同。其中又以会员卡研发、会员卡行权计划安排为主。

1. 消费类会员卡的研发

消费类会员卡依据卡内容分为产品权益选项、权益项的数量、会员卡售价、卡及权益项有效期四个重要板块，具体如下。

（1）权益产品和服务选项。小镇的结构模式是"康养产业＋农旅＋文旅＋配套"，故小镇消费类会员卡权益内容构成，也要依据小镇的各产业经营体、生活配套、社团活动三大方面的供应情况进行权益设置。

依据人的需求层次不同，首先要设置基础需求，虽然该部分为基本需求，但部分仍含有健康和农业的元素。一是以休闲度假的饮食、住宿为主，如小镇邻里餐、田园生态餐、中医减肥餐及其他特色餐饮等，如酒店住宿、民宿住宿、中医理疗住宿、温泉住宿等；二是日常生活必须用品的权益设置，该类产品虽然不是休闲度假的必需品，但是可以在日常生活消耗，如小镇农业种植的生态粮食（如小米、绿豆、玉米、面粉等）、果蔬（需依据季节性特点提供）、生态鸡蛋、生态肉、中草药花茶（如金银花、蒲公英、野菊花茶等）。

设置以农旅、文旅为主的休闲度假类消费体验需求。农业耕作体验（农作物耕种和收割、中草药种植和采摘）、果蔬采摘、温泉洗浴、文创手工品制作、农业观光、农业科普讲解、黄帝文化参观讲解等。

设置健康产业直接相关经营体的产品和服务内容。例如中医咨询和理疗、体检、家庭健康管理、中医健康产品（如艾灸产品、驱蚊包、养生茶等）、康复运动和药膳、心理课程、幸福课堂等。

设置社团活动类权益内容。因会员兴趣爱好较多、社团种类较多，涉及运动健康、文化艺术的各个方面，在权益设置时，无法以确切的主题设置在卡内，同时主题确定不利于其他爱好的会员购卡入会；实际操作只需按参与社团活动的次数即可，具体行权时，由会员依据个人爱好选择不同的活动主题参与即可。

设置长期的农业耕作权。小镇可以依据土地使用安排计划、居民的耕作意愿，以会员卡权益的方式，向居民售卖1分地（约

67 平方米）或 2 分地（约 137 平方米）1～3 年的耕作权，一方面农业耕作的吸引力较强，居民可以实际体验耕作，丰富居民的休闲度假生活，另一方面居民的耕作收获能体现出居民的劳动成果和价值，是小镇绿色生活的体现，具体售价可结合农地的流转费用、年限内农地管理费用制定；对于许多购卡的居民或会员来讲，偶尔的体验尚可，长期耕作无法实现，一是工作时间占据生活大部分的时间，二是持续的农耕较辛苦，这时，小镇农业经营部门可以提供农业耕作服务，省去居民和会员的时间和心力，保证居民和会员作物的生长和农产品收获，不仅可以免去种子购买和播种、农具购买和储存、灌溉施肥和除草、收获以及其他需要消耗大量体力的劳动，而且还可以保证居民不定期的农业体验。

设置小镇各场地通用的消费金额。该部分实为现金消费额度，可在小镇任何场地自由消费，当客户消费卡权益不足，可以以此补足。

其他类型的设置。如场地使用权，是会员在卡有效期内，免费使用小镇某一空间的权利，如酒店会议厅、综合运动场，以满足其商务需求、聚会需求等，权益设置以场地的使用次数为权益数量即可。

（2）会员卡权益的数量。基于休闲度假的到访目的，餐饮和住宿是日常消费需求量最大的权益类型，在各式会员卡中，或多或少均会涉及，在权益数量设计时，餐类产品以餐类型的价值和人次为主，一种是可以设置固定的单人餐标，如价值100元健康餐10人次（即合计市场总价为1 000元），在消费时按人数扣除会员卡中的权益数量即可，另一种可以设置围餐总标准，如适合6人价值800元围餐，在消费时不再按人次扣除，围餐行权1次即扣除会员卡中的1次权益；住宿类可以分为两种，一种可用房间使用次数表述权益，如标准间10次、单人间2次，即会员可以居住标准间10晚次、单人间2晚次，后期依据会员实际权益行权次数从会员卡中扣除，另一种是会员单次独立住宿，明确住宿标准，如适合4人居住价值1 500元每晚的小院住宿5晚次、5个独立房间价值2 000元的别墅住宿6晚次等，在会员实际消费过程中扣除会员卡中的次数权益即可；日常生活用品类权益是可以取走的实物产品，会员多数在日常居住生活的地方实际使用，这是小镇产业融入日常生活最主要方式，也是产业与会员生活联系最为密切的权益项，该类权益项以实用性受到居民欢迎，在权益设置时应作为重点考虑，多数以直接的重量、数量为标准，如面粉50斤、小米5斤、时令蔬菜30斤、生态自产牛肉20斤、金银花茶500克、生态柴鸡蛋50枚等，以上产品在会员行权时，要经过初加工和包装，以小镇生产的农产品的形式向会员配送输出；其他产品多数以权次、个数的形式进行设置，如场地使用、活动参与、理疗、健康咨询、体检、课程等以权次计，实物类产品如艾条、驱蚊包等，以实际数量计，健康档案管理以每人每年计。

（3）会员卡的售价确定。利润追求。售价是由经营成本加经营利润决定的，会员卡的成本是一定的，但对利润要求的高低还跟小镇的创建阶段有关。在小镇开始建设但居民未入住时，该阶段产业运营以吸引客源到访为主，只要实现大量的客户到访，即使由企业以营销费用形式补贴也可；在小镇初建成型阶段，居民开始形成小镇生活的居住作息习惯，此时以加大居民入住率为主，小镇的产业经营体以满足小镇生活以及圈粘扩大客源为主，不过于追求经营体的经营利润，实现经营收支平衡即可；当小镇建设完毕、居民房屋全部交付、社区生活习惯形成时，小镇的产业经营要逐步实现利润的正值，与社团同步，实现自主良性运行。

直接成本构成。会员卡的直接成本构成，主要由实物产品成本、服务产品成本、社团活动成本、交易税费、销售费用五部分组成。实物成本以物品采购成本价、包装成本为主；服务产品成本以服务项的人力成本、服务耗材为主；社团活动成本以活动平均单场人均成本为准；交易税费按国家和地方规定，依据小镇创建的优惠政策最终确定；销售成本是指销售人员的佣金和对外推广费用，一般为 $1\% \sim 3\%$。

市场销售价格试算。在具体权益设置时，要依据目前成型的产业经营和供给情况，先设置会员卡主题，由主题权益内容引领卡权益。以农业生态健康为主题的卡，暂命名为"田园养生卡"，内容假定设置：价值100元/人次田园健康自助餐25权次、适合8~10人价值1 200元/次的绿色生态围餐8次、价值900元/晚的田园主题小院民宿5晚权次、价值500元/份二十四节气健康茶两份、价值800元艾灸礼盒理疗套餐（含艾灸理疗20次、艾条40根、艾灸铜盒1个）、价值300元的生态小米20斤、价值400元的时令蔬菜采摘权40斤、价值70元/斤的生态牛肉20斤、价值100元/箱生态柴鸡蛋20箱、价值5 000元适合4人的家庭体检套餐、价值200元/权次小镇社团活动参与权次15次、自由消费金额1 000元，合计市场总价值为31 500元，其中自由消费额1 000元、消费权益30 500元。

一般卡的售价要高于成本、但要低于市场价格，根据以上计算可以得出，该"田园养生卡"的卡面值设定为30 000元较合适。

（4）会员卡的有效期设定。传统会员卡均有有效期的设定，以促进会员的行权，刺激会员的消费，通过消费实现经营运转，对于小镇来讲，会员卡的行权量，代表着会员在小镇的活跃程度、产业运营和社群文化运营的状态，会员行权量的活跃，说明了会员圈层带来的新客群的扩大，有利于小镇的整体运行，故小镇会员卡也要有有效期限的设定，具体有两种设定方式，一种是设定卡有效期为1年或2年，当有效期满未行权的权益自动失效；另一种是会员卡设置有效期为 2 年，但卡权益内容按年生效，每年的权益内容与权益量是一样的，超出一年的，未行权的首年度权益自动延续有效，同时次年度权益开始生效，但超出 2 年的，所有未行权益自动失效，这种设置的好处是可以保证 2 年内，可以不间断地圈粘客户。

以上述"田园养生卡为例"，若卡有效期设定为 1 年，则单卡售价 30 000 元，含田园健康自助餐 25 权次、绿色生态围餐 8 次、小院民宿 5 晚、二十四节气健康茶 2 份、艾灸礼盒理疗套餐 1 个、生态小米 20 斤、时令蔬菜采摘权 40 斤、生态牛肉 20 斤、生态柴鸡蛋 20 箱、家庭体检套餐 1 次、社团活动参与权次 15 次、自由消费金额 1 000 元，自购卡开卡一年内，以上权益均可行使，超出一年的，未行权项自动失效；若卡有效期设定为 2 年，则单卡售价为 60 000 元，以上权益内容为每年的权益内容，例如"二十四节气健康茶 2 份"为每年 2 份，共计 4 份，当会员卡有效期第一年内，会员已领取首年权益 2 份后，不得提前领取第二年的权益，当会员卡有效期进入第二年，则第二年同样内容、同样数量的权益生效，此时，会员可以行权"二十四节气健康茶 2 份"，当购卡开卡一年内未行使完首年的权益量，则第二年仍然有效，当有效期满 2 年仍有未行使的权益，则自动失效。

2. 消费类会员卡执行的工作流程

主导和需求发起部门：策划部、销售部。

基本流程：策划部、销售部拟定会员卡方案→向客服部门、产业经营体、社团专员确定产品内容和价格→上报卡产品方案待审批→审批完成，开始包装、宣传推广和销售→卡成交录入管理系统→设计会员行权计划→执行行权计划→会员行权→产品和服务供应部门→客服部门会员卡权益核销。

从小镇整体产业运营角度讲，小镇的会员卡是长期圈粘客户最终实现房产销售、居民入住、产业消费的工具，故小镇的消费类会员卡的发起方为策划部和销售部，发售时间依据房产销售节点安排而定，会员卡方案初步设定由策划部和销售部共同制定；在会员卡制定过程中，要与客户服务部门沟通，了解当前客户行权量、消费较多的产品和服务，确定受欢迎的权益选项，同产业经营体、社团专员沟通确定产品服务选项的细节以及选项的成本，依据这些信息重新调整会员卡方案，上报相关权限部门和领导审批；审批结束后，策划部对会员卡以单一产品进行包装，特别是对卡主题引领的生活方式包装，并制定、执行宣传推广计划，销售部同期开始会员卡销售；成交的会员及会员卡基础内容，如会员卡号、有效期、权益项、会员资料等，由客服部门录入客户服务管理系统，以备行权和核销；录入系统后，会员即可以进行正式行权，行权后，权益供应部门反馈行权信息至客服部门，客服部门从会员卡中扣除已行使权益。

在实际行权过程中，会员并不会完全主动地去行权，而会员不行权或行权不活跃，意味着小镇无法实现圈粘客户的目的，此时由客服部门发起，各经营体和社团执行，制定会员行权计划和主动邀约会员，实现行权。

基础流程：客服部门统计分析行权情况→制定行权计划→发布行权邀约→邀约行权的权益预约登记→权益准备、配送和行权邀约到访→行权完毕→反馈客服部门→核销权益。

客服部门专员统计单种类型的卡，以半年度或季度为周期，通过分析卡权益项的消耗、会员的行权频次等数据，不仅找出受会员欢迎的权益项和活跃会员，而且要找出行权量低的权益项和活跃度较低的会员，分析原因后反馈给经营体和社团运行部门，由经营部门对经营内容进行调整，针对行权量不够的权益项、行权频次不多的会员，由各权益经营体制定出针对性的行权计划，刺激行权量和行权频次，活跃小镇的经营项和会员参与度。

（四）小镇资本同创会员卡工作流程

该类会员卡面对消费类会员发行，即面对小镇生活方式有一定认知、体验和认可的消费群体发行，以所推出房产为类抵押物，设定出面额较大、具有一定类金融理财产品收益功能的会员卡。从小镇需求角度讲，该卡的主要目的有两个，一是实现客户筛选，确定可购房客户的意向情况，二是提前回笼资金，减少企业资金压力，故主导和发起部门为策划部和销售部。

基础工作流程：策划部、销售部初步拟定卡内容→企业财务部门、相关审批权限部门审核→决策层审批→销售部销售、会员购买并开始享有收益权→房屋开始销售→会员购房卡款和收益转为房款→会员未购房的，期满退出并享有收益。

两部门依据房屋施工建设进度，确定销售节点和购房客户积累计划，而消费类会员卡会员是最有可能购买资本同创会员卡的潜在客群，此类客群已具有并认可小镇的美好生活方式，继而以类理财收益的方式圈粘较贴近其需求，具体卡方案设定有如下几个方面：

（1）根据以往同类型房屋产品销售价格情况，以其成交价格的30%或50%为卡面额。例如同类型多层洋房以往销售单价10 000元/平方米，本次推出洋房主力面积为120平方米，则总价为120万元，资本同创卡面额可以设定为40万元、50万元或60万元。

（2）根据卡面额和拟推出的房屋数量，确定发行总数量和总金额。若本次推出多层洋房为100套，卡面额最终定为50万元/张，则会员卡数量发行最大数量为100张，本次发行会员卡的总额度不超过5 000万元。

（3）会员卡的年化收益率确定。该标准需由企业财税部门根据年度市场融资成本、融资难度提出企业资本同创会员卡的年化收益率标准,以年度规章制度的形式发布,有特殊需求的另行报批申请。

(4)发行时间的确定。发行时间应在房屋《建设工程规划许可证》取得后、《房屋预售许可证》取得前。规划证的取得,代表着房屋基础信息的确定,如坐落、面积、楼层、建筑形态、外立面效果、道路管网、景观、公共配套等内容,这是对购卡会员权益保证的负责;预售证取得,代表着房屋可以正式销售、回款,预售证取得前的会员卡发行,具备提前资金利用、目标购房客户积累的作用,预售证取得后再发行的意义不大。

(5)会员卡的有效期。该卡的有效期多为两年,一方面可以满足企业的资金需求,另一方面要满足会员资金安全的需要。两年内,依据会员实际付款在账天数和年化收益利率,计算会员应得收益。

(6)会员购房的办理。因会员卡的发行在规划证取得之后,故会员购卡3~6个月,最晚不过10个月,房屋即可取得预售证,此时会员面临着购房和不购房两种选择,此时销售部门要制定出会员买房的优惠政策,购房获得价值要高于继续持卡的收益,以刺激购卡会员成为购房会员。客户购房的,签订相关协议,享有销售部门针对会员的各项购房政策,会员卡权益截止,本金和年化收益转为房款,本金不再计年化收益,其中,收益以本金到账日至购房日的累计天数为计划收益的系数；客户未购房的，可选择本金退出，并按本金实现在账天数获得收益，也可继续持卡并享有卡权益，最长直到期满本金退出。

案例：国内某小镇社团活动执行规范

一、方案策划流程

1. 方案策划工作流程（见表1）

表1　　　　　　　　　方案策划工作流程

流程项目	操作人	主要工作要求及内容说明	表单	备注
月行程表	部门主管	各版块负责人递交次月社团行程表给部门主管，汇总后发送总经理（包括大型活动的策划方案，包含预算）	月份活动行程表	每月25日前提交月份活动行程表，以及大型活动的策划方案和预算（包括活动主题、活动预算、活动内容、日期、客户对象、活动地点）
总经理审核活动预算	总经理	呈报活动月行程表，总经理审核通过后发给部门主管	已核批的预算表	各活动负责人需各自确认
大型活动执行方案	活动负责人	大型活动的具体执行方案（包括具体的活动内容及流程，具体的人员分工，详细的活动预算等）	活动执行方案	活动前3周整理出活动的具体执行方案，落实活动前、活动当天以及活动后的人员分工情况；整理活动所需的物资详细清单以及需要协调的各部门

2. 文宣策划流程工作内容（见表2）

表2　　　　　　　　文宣策划流程工作内容

流程项目	操作人	主要工作要求及内容说明	表单	备注
文宣制作	设计部	撰写活动海报内容，交由设计人员进行版面设计和制作	视觉设计申请表	提前3周进行海报设计及制作，至少提前2周张贴宣传
文宣稿发布	客服组	将活动文宣稿发送小镇线上办公平台、业主论坛、微信平台、营销部门等	活动公告活动海报	提前2周活动公告发布OA、业主论坛；提前1周发布微信平台；提前2周与营销部门联合进行宣传

3. 管控流程工作内容（见表3）

表3　　　　　　　　管控流程工作内容

流程项目	操作人	主要工作要求及内容说明	表单	备注
时间管控	活动负责人	时间安排表和节点控制。活动进行的时间是不可更改的，时间管理必须根据活动进行的时间来倒推	执行方案	—
采购管控	采购人员	指对活动的服务、设备及物质资料的供应的管理。对外包服务的管理	采购单	比如在活动执行过程中会涉及食宿、交通、灯光、音响、舞台、服装、道具、特技、录制等，这些对专业活动运营公司大都采取外包的模式，那就需要对外包的供应商进行有效管理
人力管控	活动负责人	活动现场负责人，团队的人员配置和管理，甚至包括现场其他协助人员的管理	执行方案	—

二、活动策划具体执行详细方案

1. 前期准备工作内容（见表4）

表4　　　　　　　　　前期准备工作内容

任务分工	主要工作要求及内容说明
活动策划书	做一份比较完整的活动策划书，比较方便接下来活动的开展。更重要的是要让上级认可这份策划书，策划书最主要的是目的意义、活动内容方式及经费预算等；同时要报上级认可
正式的文宣稿	一次活动能否成功地完成还需要得到更多单位的支持和配合，这样就少不了一份正式的发文，这也是一个很好的宣传方式。发文要规范，须有主题词、抄送单位等
悬挂条幅、张贴海报、设置气拱门、电子屏	按活动大小选择宣传方式，要美观，直观，内容清晰
X展架和展板	X展架和展板是用于活动的宣传
制作邀请函（如需要）	邀请函注重：流行、节约、美观
演示文稿（如需要）	演示文稿一是须有公司LOGO；二是要考虑到现场播放出来的效果，即背景颜色与文字的对比要比较明显；三是内容的规范
主持稿（如需要）	为了使主持人能够对节目进行顺利的衔接，为了让所有工作人员对整个活动具体流程都了解，提前把主持稿写出来是很必要的
准备摄录或照相	这个环节每个活动组织者都会需要，如果很重要的活动，最好邀请专业的人士，因为他们会根据不同的角度用专业的器材
奖品设计及制作	要注意规范、美观和时尚
彩旗、道旗（如需要）	有些活动需要营造出热烈、喜庆的气氛，彩旗或其他的装饰就是最好的选择，不但可以营造气氛还可以扩大宣传。当然，这个视活动的经费而定
确定到场的领导及嘉宾	活动之前要确定好到场的领导及嘉宾，是否需要座签或姓名牌等，提前做好安排

任务分工	主要工作要求及内容说明
检查物料	根据活动的不同所需要的东西也是不同的，最重要的是列好清单，按单对照物料，确保万无一失
确定主持人（是否需要）	活动在开始之前我们都要与主持人沟通，商量好一些细节的东西。主持人的选择要慎重，性质不同的活动要选择风格不同的主持人
活动场地借用	无论是室内还是室外的活动，都需要活动场地，为了保证活动能够如期开展，我们一定要做好场地申请单的确认工作
背景音乐	准备一定的轻音乐作为背景音乐，以营造现场气氛
特殊用电	活动基本都需要用电，特别是室外的活动，我们都要事前提出申请，审批好电。如果需要特殊用电，则要提前联系好
活动前现场卫生清扫	活动开始之前要把卫生清扫一遍
更衣间、化妆间、化妆人员、化妆物品	根据现场情况临时搭建或者寻找适合的地方，确保私密性
后勤人员安排、现场秩序维护人员	活动的现场一般会比较混乱，所以之前我们要安排好后勤人员、现场秩序维护人员
路标制作及摆放	我们还需要事先做好路标，方便指引大家迅速到达指定场地保证活动开始时间

2. 活动现场工作内容（见表5）

表5　　　　　　　　　　**活动现场工作内容**

任务分工	主要工作要求及内容说明
现场停车位安排	如若活动是比较大型的，我们还要与物业取得联系，准备好停车场地，安排好停车引导人员
现场全程拍摄	为了做好后期工作的宣传和总结，我们要安排人员全程拍摄

任务分工	主要工作要求及内容说明
签到、礼仪迎接	记录本次活动的到场人员，礼貌用语，文明指引
维持现场秩序（安全员）	为了保持整场活动的秩序，我们要让负责安全的人员在现场维持秩序，最主要的是确保在突发情况下，现场不慌乱。一般情况下，安全员主要负责不要让观众在前排不停地走动。所有人员会留有人员通道，从人员通道或后排走动，包括拍照、摄像，要适可而止
现场话筒传递	当到了互动环节需要观众发言时，我们要事先安排好人员专门传递话筒
观众的调整	如果活动开始前观众还没坐满，就要迅速将后面几排的观众调整至前面，保证活动场面
催场人员	手中持节目单，熟悉整个活动的流程，保证活动中每一个环节的时间串联性，提前寻找人员做好上台前准备工作
活动的开始	一定要由总负责人说的算，不是一定要按照原计划的时间开始的，可能会根据现场的实际情况提前或者推后
领导介绍	许多领导不是提前可以确定的，经常是直到活动开始前几分钟才到来，出于尊重，我们一定要介绍他，所以这个环节也比较紧张
场内纪律	有几种情况要制止，如吃东西、大声聊天、随意出入等
标明洗手间的位置	许多来宾是第一次来，要求关注细节

3. 后期工作内容（见表6）

表6　　后期工作内容

任务分工	主要工作要求及内容说明
整理会场和物料	一场活动结束了，但是我们的工作并还没有真正完成，首先清点剩余的活动物资和物料；回收桌椅、宣传物料等；其次整理归还租借的物品；最后还要清理现场的卫生等

任务分工	主要工作要求及内容说明
财务结算	老师或演员的个人费用以及其他费用
整理文件材料，存档	1. 方案策划、执行台本。 2. 宣传资料收集。 3. 现场照片、录像。 4. 物料设计稿、照片。 最后我们要将所有的活动材料进行整理、存档，便于以后的工作和学习
社团专员	1. 活动结束对参与的会员后期回访，了解满意程度，以后的需求和想法； 2. 定向地邀约一些重要的业主； 3. 现场解决一些发生的纠纷和投诉
和设计师沟通确认报道内容	活动结束后还要和设计部门沟通确认我们的活动报道内容、图片
整理签到表、照片、录像等	留下电子档案和录入 CRM 系统，沉淀一些可以以后宣传的资料
总结工作：召开总结大会	活动结束后我们应该及时地向领导汇报当时活动的工作情况，请上级指出我们的不足之处，讨论如何改进

第五章

结　　论

　　本书中，我们没有深入地讨论具有深厚传统产业底蕴的浙江模式特色小镇，这些小镇会由地方或上一级政府从社会经济整体发展的层面去考虑和支持，我们只针对目前市场主流的"服务型产业＋文旅＋社区"的小镇及其开发企业进行思考，因该类特色小镇的创建基本由小镇开发企业独立进行，缺乏应有的各类支持，故应为该类企业开发的特色小镇提供一定的指导建议。

　　不同于浙江模式的产业特色小镇，这些特色小镇在创建过程中，基本都会面临着三大矛盾，一是特色小镇客观属地资源（不论是传统产业资源还是生态自然资源，或是文化资源等）不足，与特点鲜明、市场符合度高的产业定位之间的矛盾，简单点讲就是小镇所具有的各类资源并无独特优势、品牌力、市场影响力等，无法很直接地支持小镇的定位、开发以及运营，具有典型性客观资源的特色小镇毕竟是少数；二是特色小镇的开发建设需要大量的"资金",与多数企业资金实力不强和融资能力弱之间的矛盾,资金不足直接影响小镇所有的工作开展以及推进速度,开发、产业运营、营销策划和品牌、社群文化建设运营等各个板块是互为支持和促进的,没有统一的计划推进和安排是无法实现小镇的有机创建,各个业务板块缺一不可;三是特色小镇需要精准的客群实现自我"运营",与市场认可度尚且不高、潜在消费客源及潜力长期不足之间的矛盾,没有市场认知就没有客户,没有客户就没有消费和拓展渠道,即使小镇建设完毕仍然是无法实现自我运营。故解决特色小镇这三大矛盾,基本就可以实现小镇的常态定位和运营,但目前有关特色小镇的市场理论或其他指导性研究,多数仅以产业定位为主,缺少实际的创建操作,即使有部分对社群文化建设和运营的研究,也多以点状、块状的理论为主,甚至是照搬其他小镇的成功案例,并未从理论和自身的结合方面,提出更多的符合小镇自身的执行路径方法,故缺乏切实可行的操作性。

经过本书的分析,我们从实际操作层面解决企业面临的核心关键点,即以社群文化建设和运营的方式为动力,引领和促进小镇的创建进程。简言之,社群文化建设和运营,是社区文化的人性化和商业化的结合,具体分为两部分,一是居民服务体验、经济利益等内在需求,与特色小镇资源和运营的统一;二是特色小镇发展需求与居民圈层资源的统一。具体作法是以小镇社区居民为出发点，挖掘个人的兴趣爱好，组成由居民主动参与、主导的文化主题社团，通过会员制的方式，与小镇的产业、配套、文旅等结合，并通过会员制的进阶与小镇的房产、资金相结合，从而实现资金、客户、产业、建设等多方位的有机推进，最终实现小镇良好的自我运营。

从本书可知，作为特色小镇可持续发展的重要途径和内容，特色小镇的社群建设和运营，要从特色小镇早期定位、产业构想阶段开始介入和考虑，它是与小镇创建的全线并行的，是小镇创建的核心工作之一，越早的规划社群建设和发展的思路，越有利于小镇的定位和发展，但现实中多数特色小镇的社群启动，是在小镇二级房地产开发急切需要大量资金的时段，个中缘由不言而喻，同样，这类小镇的社群文化建设和运营的实际效果也会在一定程度上大打折扣。

创建特色小镇需要很大的耐心，但现实中多数小镇开发企业，尤其是部分以传统房地产开发为主的企业，仍把社群当作"卖房"的手段，实际并未以长线经营小镇为核心目的，屡屡出现急功近利的苗头，反而引起居民对具有明显商业目的的行为的反感，所以若一个企业的决策者及核心管理人员没有踏实建设和运营社群的毅力、没有事必躬亲地参与到具体社群中去，那么这样的企业是无法得到特色小镇最终的自我运营和企业的经济效益。

以黄帝文化与特色小镇的关系为例，黄帝文化和小镇的属地资源情况，决定了小镇要以康养文化、康养产业为主，产业与文化定位又决定了小镇的社群文化建设和运营的方向，要以康养为社区文化主线，并以此为小镇的生活模式，从而带动更多的居民以及居民的圈层资源进入到小镇的生活和消费中来，最终形成口碑、客源、消费潜力的多重增长，至小镇成熟甚至小镇开发企业退出时，小镇也可实现自我的产业、社群文化运营。这也给以"康养"为主题和核心产业的特色小镇发展提供了一个创建思路，即如何从前期定位直至社团的发展和运营。

参 考 文 献

［1］安定祥，刘艳春．岐伯考证与岐黄文化研究［J］．西部中医药，2011，24（8）：1-7．

［2］东周，屈原．离骚．

［3］杜希双：服务业稳定运行 新动能发展壮大［N］．中国经济网，2019-1-22．

［4］费正清．中国：传统与变迁［M］．张沛，张源，顾思兼，译．长春：吉林出版社，2008．

［5］冯文林．试论《黄帝内经》中的"形劳"［J］．吉林中医药，2019，39（12）：1550-1551、1572．

［6］高新民．岐黄文化研究报告［N］．陇东报，2013-5-1（3）．

［7］国家发改委．关于规范推进特色小镇和特色小城镇建设的若干意见，2017（12）．

［8］国家发改委．关于建立特色小镇和特色小城镇高质量发

展机制的通知，2018（8）.

[9] 国家发改委规划司. 2019 年全国特色小镇现场经验交流会，2019 - 4 - 19.

[10] 国家统计局. 11 月份国民经济运行稳中有进，2019（12）.

[11] 国家统计局. 经济结构不断升级 发展协调性显著增强——新中国成立 70 周年经济社会发展成就系列报告之二，2019（7）.

[12] 国家统计局. 区域发展战略成效显著 发展格局呈现新面貌——改革开放 40 年经济社会发展成就系列报告之十六，2018（9）.

[13] 国家统计局. 文化事业繁荣兴盛 文化产业快速发展——新中国成立 70 周年经济社会发展成就系列报告之八，2019（7）.

[14] 国务院. 国务院关于促进乡村产业振兴的指导意见，2019（6）.

[15] 国务院. 国务院关于实施健康中国行动的意见，2019（7）.

[16] 河南省统计局. 2018 年河南人口发展报告，2019（6）.

[17] 黄帝内经. 素问篇《异法方宜论》.

[18] 健康中国行动推进委员会. 健康中国行动（2019—

2030 年），2019 (7).

[19] 龙文军. 用文化振兴保证乡村繁荣中不失本色 [J].
农村工作通讯，2018 (15)：1.

[20] 罗素. 中国问题 [M]. 秦悦，译. 北京：学林出版
社，2013.

[21] 清代，富察敦崇. 燕京岁时记.

[22] 全国人大. 中华人民共和国文化产业促进法（草案送
审稿），2019 (12).

[23] 任大援. 黄帝精神与中华文化传承工程 [J]. 华夏文
化，2016 (4)：14 - 17.

[24] 申晓敏. 祖先崇拜的人类学考察——以 T 村申氏宗族
祭祖为例 [J]. 开封教育学院学报，2019，39 (10)：245 - 246.

[25] 斯卡托·亨利，晓石. 农耕文化起源的研究史 [J].
农业考古，1990 (1)：26 - 33.

[26] 孙庆伟. 最早的中国：黄帝部落的文化初觉 [N]. 北
京日报，2019 - 1 - 21 (15).

[27] 汤因比，池田大作. 展望二十一世纪：汤因比与池田
大作对话录 [M]. 苟春生，朱继征，陈国栋，译. 北京：国际
文化出版公司，1985.

[28] 王佳星，郭金秀. 农耕文化的内涵和现代价值探讨
[J]. 自然与文化遗产研究，2019，4 (11)：20 - 23.

[29] 王希恩. 中华民族凝聚力的更新与重构 [J]. 民族研究, 2006 (3).

[30] 文化和旅游部. 文化和旅游部关于提升假日及高峰期旅游供给品质的指导意见, 2018 (11).

[31] 习近平总书记心系乌镇: 6 年 5 次访乌镇 [N]. 浙江日报, 2015 – 12 – 15.

[32] 夏学禹. 论中国农耕文化的价值及传承途径 [J]. 古今农业, 2010 (3): 88 – 98.

[33] 鲜祖德: 五年来我国经济发展质量和韧性显著增强 [N]. 经济日报, 2019 – 12 – 11.

[34] 徐卫民. 黄帝文化的传承与影响——读《史记·五帝本纪》有感. 司马迁与史记论集 (第九辑) [C]. 陕西: 陕西省司马迁研究会、陕西师范大学文学院、商洛学院、陕西省社会科学界联合会, 2010: 170 – 186.

[35] 解胜利, 赵晓芳. 从传统到现代: 农耕文化的嬗变与复兴 [J]. 学习与实践, 2019 (2): 126 – 132.

[36] 张晓明, 杜金金. 习近平关于文化自信重要论述研究述评 [J]. 观察与思考, 2019 (11): 55 – 63.

[37] 郑州市统计局数据统计. 郑州市统计局网站.

[38] 中共中央国务院. 关于建立健全城乡融合发展体制机制和政策体系的意见, 2019 (5).

［39］中国旅游研究院．中国旅游消费大数据报告 2018，2018（1）．

［40］中国社会科学院．城市蓝皮书：中国城市发展报告 NO.5，2012（8）．

［41］住建部．住房城乡建设部关于公布第一批中国特色小镇名单的通知，2016（10）．

后 记

　　我是一个思想文化工作者，具有较强的理论基础，同时也是一个幸福生活的追求者，数次愉快的经历，使我对特色小镇产生了浓厚的兴趣，也使我产生了如何把理论转化为经济效益的想法，使文化理论的实用性、指导性更强。

　　在本书创作筹备前，我亲身实地考察了郑州地区有关黄帝文化的各类场所、遗址近百余处，并对黄帝文化属地区域内的自然资源、产业状况等情况进行了实地走访和资料查阅，收集到最直接的创作素材；同时，我不仅考察了国内多个成功的知名特色小镇，而且亲自参与到每一个成功的案例中去，以切身的观察、感知、分析其中的成功基因，并与各个小镇的开发人员、社群文化建设和运营人员、小镇社区业主、小镇的各类服务人员等多次交流，不仅取得了小镇和社群的真实状况，而且还以个人的真实策划思路，参与特色小镇社群文化运营团队，从而融入小镇社团的发展。

　　经过以上的工作得知，虽然每个成功的特色小镇都有自己典型的特征，但是发现社群文化建设与运营重要性的这一核心共性，通过向特色小镇专业人士的求证，得到了肯定的回答，更加坚定了我以黄帝文化为案例、实用性为主线创作，在此向那些给我提供各类信息和支持的朋友表示感谢。

　　本书整体构思、主要章节的撰写、全面统稿，均由作者本人负责，第一章由张静老师主执笔，第二章部分内容由刘军老师主执笔。

　　感谢高宁对本书提供的丰富的实践案例与素材。由于写作水平有限，疏漏在所难免，请同行们包涵、指正！

作者

2020. 4